Uma história feita por mãos negras

Beatriz Nascimento

Uma história feita por mãos negras

Relações raciais, quilombos e movimentos

Organização:
Alex Ratts

7ª reimpressão

Copyright © 2021 by herdeira de Beatriz Nascimento
Copyright desta edição © 2021 by Editora Schwarcz S.A.

Grafia atualizada segundo o Acordo Ortográfico da Língua Portuguesa de 1990, que entrou em vigor no Brasil em 2009.

Capa
Alceu Chiesorin Nunes

Foto de capa
David Sá

Preparação
Angela Ramalho Vianna

Revisão
Adriana Moreira Pedro
Aminah Haman

Dados Internacionais de Catalogação na Publicação (CIP)
(Câmara Brasileira do Livro, SP, Brasil)

Nascimento, Beatriz, 1942-1995
    Uma história feita por mãos negras : Relações raciais, quilombos e movimentos / Beatriz Nascimento ; organização Alex Ratts. — 1ª ed. — Rio de Janeiro : Zahar, 2021.

    Bibliografia
    ISBN 978-65-5979-006-7

    1. Antropologia social 2. Escravidão 3. Quilombos – Brasil – História 4. Racismo – Aspectos sociais 5.Racismo – Brasil 6. Relações raciais – História I. Ratts, Alex. II. Título.

21-60733   CDD: 305.8009

Índice para catálogo sistemático:
1. Racismo : Relações raciais : Sociologia 305.8009

Aline Graziele Benitez – Bibliotecária – CRB-1/3129

[2021]
Todos os direitos desta edição reservados à
EDITORA SCHWARCZ S.A.
Praça Floriano, 19, sala 3001 — Cinelândia
20031-050 — Rio de Janeiro — RJ
Telefone: (21) 3993-7510
www.companhiadasletras.com.br
www.blogdacompanhia.com.br
facebook.com/editorazahar
instagram.com/editorazahar
twitter.com/editorazahar

Sumário

Introdução 7

PARTE I **Intelectualidade, relações raciais e de gênero**

1. Por uma história do homem negro 37
2. Negro e racismo 47
3. A mulher negra no mercado de trabalho 55
4. Nossa democracia racial 62

PARTE II **Escravismo, fugas e quilombos**

5. Escravos a serviço do progresso 71
6. A incensada princesa 79
7. Conselhos ao príncipe 82
8. Conceitos ultrapassados 85
9. Escravidão 90
10. Zumbi de *Ngola Djanga* ou de Angola Pequena ou do Quilombo dos Palmares 95
11. O Quilombo do Jabaquara 104

PARTE III **O quilombo como sistema alternativo**

12. Sistemas sociais alternativos organizados pelos negros: Dos quilombos às favelas 109

13. Quilombos: Mudança social ou conservantismo? 120
14. Kilombo e memória comunitária: Um estudo de caso 138
15. O conceito de quilombo e a resistência cultural negra 152
16. O nativismo angolano pós-revolução 168
17. O movimento de Antônio Conselheiro e o abolicionismo: Uma visão da história regional 193

PARTE IV **Movimento negro e cultura**

18. Daquilo que se chama cultura 215
19. Atualizando a consciência 219
20. Carta de Santa Catarina 221
21. A mulher negra e o amor 231
22. A luta dos quilombos: Ontem, hoje e amanhã 236
23. Eram deuses os negros da "Pequena África" do Rio de Janeiro 242
24. Kilombo 247

Notas 252
Bibliografia 258
Fontes 262
Nota biográfica 265
Uma cronologia de Beatriz Nascimento 267
Sobre o organizador 271

Introdução

ALEX RATTS

No EXTRAORDINÁRIO ANO DE 1968, uma jovem negra nordestina, residente no subúrbio carioca, tendo estudado em escolas públicas, inicia o curso de história na Universidade Federal do Rio de Janeiro (UFRJ) e é profundamente marcada pelas movimentações políticas e culturais, nacionais e transnacionais, daquela temporada, como ela relata em seu ensaio "Por um território (novo) existencial e físico", de 1992: "Naquele ano, além de maio de 68, junho foi o momento aqui no Rio das grandes passeatas do movimento estudantil. Aconteciam também os levantes antirracistas nos Estados Unidos, além da Guerra do Vietnã". Em sequência, ela expõe um processo pelo qual estudantes negros e negras das classes populares vivenciam adentrar o espaço acadêmico e ter contato com outras visões de mundo emancipatórias: "Nesse momento abandonei qualquer projeto burguês como se saísse por uma *Exit* ["saída", em inglês] imaginária da fila da Passeata dos Cem Mil. Nesse momento eu tive consciência de minha cor preta e do quanto eu poderia começar 'de novo'. Comecei então um ativismo político".[1]

Se essa foi a entrada da estudante universitária Beatriz Nascimento, o contraste entre a formação de uma "consciência negra" e o ensino de história no país, que enquadrava a África e descendentes de africanos nos limitados patamares da colonização e escravidão, resultou numa postura crítica, como indica na conferência Historiografia do Quilombo, proferida durante a Quinzena do Negro, em 1977, na Universidade de São Paulo (USP), e cuja fala foi reproduzida no documentário *Orí* ("cabeça", na língua africana *yorubá*), de Raquel Gerber, lançado em 1989: "Quando cheguei na universidade a coisa que mais me chocava era o eterno estudo sobre o escravo. Como se nós só tivéssemos existido dentro da nação como mão de obra escrava, como mão de obra para fazenda e para mineração".

A diferenciação de prismas — do escravo para o negro — foi se tornando para Beatriz Nascimento um horizonte de estudo, pesquisa e ativismo. Em seus primeiros escritos, na metade da década de 1970, ela delineia a ideia de uma "história do homem negro", uma história negra feita por pessoas negras, algo incomum para a época. Na reportagem-documentário para a TV Cultura *O negro: Da senzala ao soul*, de Gabriel Priolli Netto e Armando Figueiredo Neto, direcionada para o mesmo evento na USP, ela complementa sua proposição: "A história do Brasil... eu gostaria de dizer aqui uma frase do José Honório Rodrigues, que já se tornou, assim, quase uma afirmação geral: a história do Brasil foi escrita por mãos brancas". Cabe notar a frase original cunhada pelo historiador, ao resenhar uma obra do brasilianista Robert Conrad: "A história do Brasil foi e continua sendo uma história de brancos, e de poucos mulatos e raríssimos negros. Mas houve sempre um filtro branco que permitiu que somente uma parte da verdade viesse à luz e não ferisse a consciência social".[2] Neste ponto é traçada uma relação de mão dupla entre o fazer histórico e a sociedade.

Ao comentar a imagem e o posicionamento de Beatriz Nascimento no filme *Orí*, a antropóloga norte-americana Christen

Introdução

Smith aponta alguns sentidos do seu discurso: a militância, a descolonização do conhecimento, sobretudo o acadêmico.[3] Esses dois registros imagéticos, dentre alguns mais, indicam um lugar negro de fala inscrito na corporeidade de Beatriz Nascimento: contra o colonialismo cultural (na expressão de outros expoentes da intelectualidade negra) e por um conhecimento elaborado por alguém "de dentro", aliando o fazer científico à subjetividade, elegendo a formação social dos quilombos como base de uma interpretação de nação e de mundo.

Uma história feita por mãos negras

Nos anos 1970, em todas as regiões do país, especialmente nas grandes capitais, é perceptível a entrada de estudantes negras e negros nas universidades públicas. Uma parte se aglutina e se engaja na formação de grupos que constituíram o movimento negro durante o regime militar. A carreira acadêmica de Beatriz Nascimento foi feita basicamente em história — graduação (1968-72) e especialização (1979-81) na Universidade Federal do Rio de Janeiro (UFRJ) e mestrado incompleto (1979--84) na Universidade Federal Fluminense (UFF), tendo antes experiência com arquivos documentais na Fundação Getulio Vargas (FGV) e no Arquivo Nacional. Durante a especialização, a pesquisadora teve duas bolsas de curta duração, uma da Casa Léopold Senghor e outra da Fundação Ford, que na época investia em estudos sobre relações raciais no país. Parte da pesquisa, realizada de maneira independente de qualquer instituição acadêmica, consistia em observar — em campo e via documentação — os quilombos como sistemas alternativos à estrutura escravista, com potencial continuidade em favelas, particularmente no caso do Rio de Janeiro. Em 1994, ela inicia outro mestrado na Escola de Comunicação da UFRJ, interrompido pela fatalidade de sua morte, no começo de 1995.

No ano de 1974, em várias tardes de sábado, no então recém-criado Centro de Estudos Afro-Asiáticos (Ceaa) da Universidade Cândido Mendes, em Ipanema, Rio de Janeiro, se dava um encontro de pessoas negras, a maioria jovem, interessadas nas questões raciais, negras e africanas. A cena é de tal forma pontuada de acontecimentos que é possível traçar, a partir desse momento, uma memória ano a ano. Em 1975, com integrantes provenientes das reuniões, são constituídos o Instituto de Pesquisa das Culturas Negras (IPCN), a Sociedade Brasil-África (Sinba) e o Grupo de Trabalho André Rebouças (Gtar) na UFF.

De 1976 em diante, o Gtar, formado por estudantes negros e negras da UFF, passa a realizar anualmente a Semana de Estudos sobre a Contribuição do Negro na Formação Social Brasileira, contando com o apoio da antropóloga Maria Maia Berriel (diretora do Instituto de Filosofia e Ciências Humanas), do sociólogo Eduardo de Oliveira e Oliveira (da USP) e de Beatriz Nascimento, incluindo parte da intelectualidade brasileira e estrangeira, negra e branca, afeita a esse campo de estudo. Tanta efervescência em pleno regime militar atraiu olhares conservadores. A entrevista "O negro visto por ele mesmo", concedida pela historiadora à revista *Manchete*, de circulação nacional, foi registrada pela Divisão de Segurança e Informação, órgão do Ministério da Educação e Cultura que agia na vigilância de supostos opositores do regime por questionarem a ideia de "democracia racial".[4] A notificação aponta os bailes *black*, de origem norte-americana, que também podiam ser convertidos em espaços de "aglutinação racial" e confrontar a "sociedade branca dominante".

À mesma época, uma aglutinação de estudantes negros e negras também se dava em São Paulo: a Quinzena do Negro, que aconteceu entre 28 de maio e 8 de junho de 1977, organizada pelo sociólogo Eduardo de Oliveira e Oliveira. O evento teve uma mesa formada por estudantes afro-brasileiros, dentre eles Rafael Pinto e Hamilton Cardoso, que cursavam respectivamente ciências sociais e jornalismo, e que no ano seguinte participariam da fundação do Movimento Negro Unificado (MNU). Como parte da Quinzena, houve uma exposição de peças africanas e afro-brasileiras no Museu de Arqueologia e Etnologia, sob a responsabilidade do historiador da arte Marianno Carneiro da Cunha, e uma mostra de jornais da imprensa negra na Biblioteca Mário de Andrade. O evento também foi alvo dos militares, por meio de notificação do Departamento de Ordem Política e Social (Dops) do Estado de São Paulo.[5]

Nesse período, numa conjunção entre indivíduos e coletividade, entre estudantes de graduação e intelectuais ativistas, o Gtar elabora uma proposta de alteração de temas e autorias relativos às questões raciais e negras na universidade: introduzi-las nos cursos de humanidades, ampliando a bibliografia adotada, e articular pesquisadores e pesquisadoras dessas temáticas com o corpo docente do Instituto de Ciências Humanas e Filosofia da UFF. Essa pauta também foi colocada por grupos negros, como o IPCN, e afins, como a Sociedade de Estudos da Cultura Negra no Brasil (Secneb) e o Instituto de Pesquisas e Estudos Afro-Brasileiros (Ipeafro). As bases de uma disputa epistemológica vinham inicialmente de intelectuais ativistas que não estavam centrados no espaço acadêmico, a exemplo de Abdias do Nascimento, Guerreiro Ramos e Clóvis Moura, que já publicavam desde o fim dos anos 1950 e começo da década seguinte. Nessa esteira, Beatriz Nascimento propõe "uma história do homem negro", enquanto Eduardo de Oliveira e Oliveira propugna "uma sociologia negra".

Segundo Robert Slenes, em apresentação ao livro *Das cores do silêncio*, de Hebe Mattos,[6] professora da UFF, na historiografia estrangeira, especificamente na anglo-saxã, um quadro mais amplo vinha se delineando, sem maior ressonância no Brasil, incorporando temas ligados a grupos em contenda com o colonialismo, o racismo, o sexismo e o capitalismo, aproximando história e antropologia, implicando considerar esses pontos de vista nas análises sociais. Assinalando "autores-militantes" afro-americanos como W. E. B. Du Bois e C. L. R. James e certa influência entre historiadores estadunidenses, negros e brancos, Slenes rememora um contexto semelhante na UFF, nos anos 1980, de recepção do movimento operário e dos "novos movimentos sociais", sem nomear pessoas ou grupos.

Podemos depreender que nesse conjunto estariam Beatriz Nascimento e demais intelectuais ativistas, o Gtar e vários grupos de movimentos negros. Por suas publicações e palestras, a autora se destaca como figura pública. Seus textos são lidos pela coletividade que está nascendo, e, por sua vez, ela observa crítica e sensivelmente as expressões culturais, artísticas e políticas, suas conexões e seus impactos. Naquele período, na segunda parte dos anos 1970, no circuito Rio-São Paulo, havia poucas mulheres negras em evidência na vida acadêmica e militante, a exemplo de Helena Theodoro, Thereza Santos, Neusa Maria Pereira e Lélia Gonzalez.

Desde os primeiros textos publicados, Beatriz Nascimento elege o tema da mulher negra e a trama entre raça, classe e sexo como relevante (antes de o termo "gênero" tornar-se corrente nos estudos e no ativismo feminista). Em 1976, após o lançamento do filme *Xica da Silva*, do diretor Cacá Diegues, Beatriz Nascimento publica uma crítica bastante densa e enfática à representação da personagem principal, seja como "escrava" que ascendia socialmente pelo relacionamento sexual com o "senhor", seja como mulher negra. Dentre os desdobramentos dessa crítica, Beatriz Nascimento é procurada alguns anos depois pelo cineasta para colaborar na consultoria do filme *Quilombo*, de 1984, junto com Lélia Gonzalez e Joel Rufino dos Santos.

Nos anos 1980, o tema do feminino, por vezes racializado, aparece em vários poemas da autora, que têm como referência suas fases de vida, algumas mulheres da família (mãe e irmãs), amigas e as metáforas de corpos celestes — Terra, Vênus, Lua, estrelas — vistas entre movimentos e sentimentos. A questão da mulher negra pode ser observada também na ideia de um projeto de pesquisa — "O papel da mulher nos quilombos brasileiros: Resistência e vida" — incompleto e sem relato de execução.

Sem pertencer a coletivos específicos, ao consultar seu acervo é perceptível que Beatriz Nascimento tinha interesse pela questão das mulheres e também do feminismo, recebendo convites para participar de debates no Conselho Estadual da Condição Feminina de São Paulo, na Ordem dos Advogados do Brasil, Seção São Paulo — Comissão da Mulher Advogada e Conselho Nacional dos Direitos da Mulher —, no Programa da Mulher Negra e do Núcleo de Pesquisas e Estudos sobre a Mulher da Universidade Federal de Minas Gerais (UFMG), consultando ensaios e artigos de autoras como Fúlvia Rosemberg, Sonia Giacomini, Mary Garcia Castro, Mireya Suarez, Sueli Carneiro e Lélia Gonzalez, além de manifestos de grupos feministas de Berlim e Caracas. Em 1986, ela recebeu o título de Mulher do Ano do Conselho Nacional da Mulher Brasileira.

Vale ressaltar que, nos Estados Unidos, algumas escritoras como Alice Walker, pouco publicada no Brasil, com *Vivendo pela palavra*, e Audre Lorde, traduzida e editada mais recentemente, tinham livros de poesia nos anos 1970, e apenas na década seguinte foram editadas em coletâneas, respectivamente *In Search of Our Mothers' Gardens*, de 1983, e *Irmã outsider: Ensaios e conferências*, primeiro publicada em 1981, tratando, na escrita ensaística, das questões raciais e nacionais, das mulheres, em particular as negras, dos efeitos do passado escravista na comunidade negra e dos estereótipos. Essa justaposição, e não comparação, pode ser ampliada para outras autoras como Angela Davis e Lélia Gonzalez, que também refletiam sobre esses temas, além de colocarem em pauta distintas aproximações com o feminismo e a articulação entre raça, sexo e classe, antes mesmo de haver o termo "interseccionalidade". Em mais de uma fala transcrita, Lélia Gonzalez reconhece o protagonismo das mulheres negras, e particularmente de Beatriz Nascimento, na fase inicial de organização do movimento negro no Rio de Janeiro. Em suas reflexões, Christen Smith aproxima Beatriz Nascimento do feminismo negro por correlacionar quilombo, corpo e ancestralidade africana, sobretudo no filme *Orí*, e por considerar a corporeidade como um terreno político.

Nos anos 1980, além do trabalho como professora de história da rede fluminense de educação, ela se dedica a outras atividades, como a poesia, chegando a participar de alguns encontros de poetas e ficcionistas negros. Em meados da década, Beatriz Nascimento teve o diagnóstico de transtornos psíquicos, que, à maneira de alguns e algumas artistas e ativistas, ela traz argutamente para sua escrita literária: "Se eu pudesse escrever, não tormento, mas alegria, não ressentimento, mas afirmação. Ah! Se pudesse descrever objetivas razões, e não meu próprio subjetivo alçando-me a essas horas intactas".[7]

No mesmo período, ela continuou colaborando com o Gtar e por muito tempo ministrou palestras e cursos a convite dos movimentos negros, universidades e órgãos públicos nacionais e internacionais, destinados a um público amplo, o que indica que havia relevância social e demanda para as questões negras, raciais, quilombolas e africanas. Na mesma época, Beatriz Nascimento, juntamente com Lélia Gonzalez, participou também do Grupo de Trabalho Temas e Problemas da População Negra no Brasil, da Associação Brasileira de Pós-Graduação e Pesquisa nas Ciências Sociais (Anpocs), um dos mais importantes espaços de discussão dessas temáticas no país. Beatriz Nascimento apresentou o trabalho "O movimento de Antônio Conselheiro e o abolicionismo: Uma visão da história regional" (1981), e Lélia Gonzalez, a comunicação "Racismo e sexismo na cultura brasileira" (1983).

Além das atividades docentes, acadêmicas e militantes, Beatriz Nascimento, a partir de sua pesquisa, redigiu os textos e fez a narração do mencionado filme *Orí*, que tem como foco os deslocamentos da população negra entre África e Brasil, entre o Nordeste e o Sudeste, entre culturas e movimentos negros, em aproximação com sua trajetória entre Aracaju e Rio de Janeiro, entre quilombos e terreiros. Para compreender essas diásporas, ela cunha os termos *transmigração* e *transatlanticidade*. Esta última noção se aproxima das proposições que outros autores e outras autoras trariam depois, como tem sido apontado: Lélia Gonzalez com *amefricanidade*, com foco em negros e ameríndios; Luiz Felipe de Alencastro com *Atlântico Sul*; e Paul Gilroy com *Atlântico Negro*.

Beatriz Nascimento fez algumas viagens internacionais: para trabalho de campo acerca de quilombos históricos em Angola, a partir de Luanda, com passagem por Lisboa, em outubro de 1979; para o Festival Pan-Africano de Arte e Cultura (Fespac) em Dacar, no Senegal, entre dezembro de 1988 e janeiro de 1989; para o Festival Internacional de Cultura, em agosto de 1991, na Martinica, no qual também estiveram o bloco afro Ilê Aiyê, o antropólogo e babalorixá José Flavio Pessoa de Barros e Lélia Gonzalez; e para o evento Dias de Cultura Brasileira em Berlim, Alemanha, em setembro de 1994, com Muniz Sodré, a fim de apresentar o filme *Orí*, dentre outros compromissos.

A única publicação institucional acadêmica que incluiu um trabalho seu foi a revista *Estudos Afro-Asiáticos*, com o ensaio "*Kilombo* e memória comunitária: Um estudo de caso" (1987). O artigo "O conceito de quilombo e a resistência cultural negra" (1985) foi publicado inicialmente na revista *Afrodiáspora*, coordenada pelo intelectual ativista Abdias do Nascimento, compondo parte do curso de extensão universitária Sankofa: Conscientização da Cultura Afro-Brasileira, organizado por

Elisa Larkin do Nascimento, realizado pelo Ipeafro,* e se tornou um de seus textos mais reeditados. A comunicação "O movimento de Antônio Conselheiro e o abolicionismo: Uma visão da história regional", apresentada no v Encontro anual da Anpocs, em 1981, foi publicada post mortem na *Revista do Patrimônio* (Iphan), em 1997, e no sítio eletrônico da instituição. Em 1987, ela publica o capítulo "Introdução ao conceito de quilombo" na coletânea *Negro e cultura no Brasil*, composta por Helena Theodoro Lopes, Beatriz Nascimento e José Jorge Siqueira. Cabe ressaltar que até o começo dos anos 1980 quase nenhuma mulher negra acadêmica tinha um livro autoral ou em coautoria.

No campo da história e da historiografia, Beatriz Nascimento era provavelmente a única mulher negra no circuito dos estudos sobre "escravidão". No terreno das relações raciais, particularmente nos núcleos de Rio de Janeiro e São Paulo, havia vários homens brancos e poucas pessoas negras como pesquisadoras. Com suas identificações e com maturidade de estudo e pesquisa, mantendo-se em um conjunto relativamente conciso de temáticas, prosseguindo parcialmente na pós-graduação, e apesar de seu trânsito em alguns grupos e instituições, Beatriz Nascimento não experimentou a con-

---

* O evento ocorreu entre 1984 e 1985, na Pontifícia Universidade Católica do Rio de Janeiro e na Universidade Estadual do Rio de Janeiro, contando com especialistas negros(as) e brancos(as), alguns(mas) inseridos(as) em universidades: Joel Rufino dos Santos, Muniz Sodré, Dalmir Francisco, Milton Santos, Lélia Gonzalez, Beatriz Nascimento, Helena Theodoro, Vera Triumpho, Nei Lopes, Sueli Carneiro, Juana Elbein dos Santos, Marco Aurélio Luz e João Baptista Borges Pereira. Iniciativas como essa antecedem a demanda pela história e cultura africanas e afro-brasileiras, devidamente reconhecida pelo Estado brasileiro nos anos 2000.

tinuidade e a permanência no espaço acadêmico, com suas hegemonias na composição do corpo docente e discente, na pesquisa e no ensino.

O aprofundamento dos estudos, assim como as interlocuções cada vez mais amplas — territórios fluminenses, regionais (Bahia, Goiás, São Paulo e outros), africanos (Angola, Senegal), europeus (Portugal, Alemanha e Itália) —, possibilita a Beatriz Nascimento se situar e se pronunciar nos vastos e intensos processos de colonização e descolonização. Na crítica ao colonialismo, a autora pode ser vista no conjunto de intelectuais ativistas da estirpe dos martiniquenses Aimé Césaire e Frantz Fanon, de vários africanos — o angolano Agostinho Neto, o guineense Amílcar Cabral, o congolês Patrice Lumumba, o sul-africano Steve Biko — e da estadunidense Angela Davis, incluindo, no Brasil, uma vasta lista, rememorando os nomes de Guerreiro Ramos e Clóvis Moura, reiterando as figuras de Abdias do Nascimento, Eduardo de Oliveira e Oliveira, Lélia Gonzalez, e de apoiadores da luta anticolonialista, como José Maria Nunes Pereira, fundador do Centro de Estudos Afro-Asiáticos. É a tessitura de um pensamento negro-africano descolonizador que está expressa em inúmeros artigos, livros e entrevistas, antes de haver os termos "descolonial" ou "decolonial".

No que concerne aos confrontos e propostas relativos ao conhecimento acadêmico e científico, Beatriz Nascimento deve ser compreendida não apenas entre ativistas de maneira individual. Como intelectual do movimento negro — forjada nele e constituidora de suas bases —, é uma pensadora que trata do Brasil em suas inter-relações com Europa e África, crítica da colonização, afinada com os processos de descolonização política e contra o colonialismo cultural.

Tais embates podem ser vistos em outras perspectivas, a exemplo daqueles engendrados pelas mulheres negras. Patricia Hill Collins, em *Pensamento feminista negro*,[8] se debruça sobre a construção de uma epistemologia feminista negra ante as barreiras de raça, gênero e classe no espaço acadêmico norte-americano. Segundo a autora, grupos de "conhecimento subjugado", como o pensamento das mulheres negras, devem se desdobrar a mais para convencer uma comunidade acadêmica hegemônica — "homens, brancos, de elite e que se declaram hétero". Algo semelhante se deu no Brasil: o questionamento do racismo e seus efeitos, do mito da democracia racial e das condições de vida da população negra ganha contornos especiais na escrita de mulheres negras que tratam da corporeidade, da subjetividade, das famílias e comunidades. De um lado, suas formulações tiveram pouca reverberação no espaço acadêmico dos anos 1970 e 1980. De outro, estão na base dos movimentos antirracista e feminista.

Ainda segundo Collins, um dos baluartes da questão epistemológica está na exigência de distanciamento entre "sujeito" e "objeto", distinção que não faz sentido para intelectuais/militantes, vindos "de dentro" e que estudam temas relativos à comunidade negra. Outro critério é a recusa da subjetividade e, particularmente, da emoção no trabalho acadêmico, algo que Beatriz Nascimento propunha como passível de compor a pesquisa e a reflexão intelectual. A experiência (pessoal e coletiva), que também deveria ser afastada dessa arena, é constitutiva dos saberes das mulheres negras e de outros grupos, seja em dimensão coletiva ou individual, em formas inscritas no corpo e no espaço.

O espaço acadêmico, a exemplo de outros espaços sociais, é marcado por quadros assimétricos. Esse processo é composto por vários mecanismos. Um deles é a recusa ou desqualificação do saber militante ante o saber acadêmico/intelectual. Outro é a deslegitimação da produção negra, com exceção de alguns autores que ganham prestígio nacional e internacional, como delineia Sueli Carneiro na tese *A construção do outro como não ser como fundamento do ser*, de 2005.[9] No caso da política de citações, no que se refere a publicações acadêmicas sobre relações raciais e quilombos, Abdias do Nascimento e Clóvis Moura, de larga produção anterior, estão dentre os mais citados, sendo, por vezes, os únicos mencionados ou convidados a integrar coletâneas das quais quase nenhuma mulher negra participa.

Nos primeiros anos da década de 1990, Beatriz Nascimento continua algumas atividades de comunicação de seus estudos e também de divulgação do filme *Orí*, a exemplo da ida a Goiânia, a convite do MNU local e da Universidade Federal de Goiás, para debater a situação dos quilombolas Kalunga, ameaçados pela construção de uma hidrelétrica, com exibição e debate relativo ao filme. Em 1994, ela inicia o mestrado na Escola de Comunicação da UFRJ, com orientação de Muniz Sodré, o que a impulsiona a trabalhar com outras temáticas, ainda no horizonte negro e racial.

Em janeiro de 1995, por questões que envolviam o namorado de uma amiga, apontado por esta como agressor, Beatriz Nascimento foi por ele assassinada a tiros numa rua de Botafogo, Zona Sul do Rio de Janeiro. Tratava-se de um homem branco, de 35 anos, um mergulhador que estava em regime semiaberto por homicídio. A pressão do movimento negro e a divulgação local e nacional, expressa em veículos como *O Globo*, *O Dia*, *Folha de S.Paulo*, *Jornal do Brasil* e *Manchete*, contribuíram para sua detenção em poucos dias.

Introdução

Lélia Gonzalez partira seis meses antes, vítima de infarto do miocárdio. Para o movimento negro, particularmente do Rio de Janeiro, os anos que se seguiram foram marcados por essas perdas. Nos registros escritos, há muitas evocações e citações do nome de Beatriz Nascimento, sobretudo da parte de mulheres negras. Cabe notar que parcela significativa da pauta pelas quais elas pugnavam começou a tomar outra forma e extensão no cenário nacional.

O ano de 1995 foi o da rememoração do tricentenário da morte do último líder do Quilombo dos Palmares. O movimento negro construiu uma pauta de unidade e fez a Marcha Zumbi pela Igualdade e pela Vida, em Brasília, com 30 mil pessoas, incluindo aliadas e aliados de centrais sindicais e de outros movimentos sociais. Igualmente em Brasília e em dias próximos, aconteceu o 1 Encontro Nacional de Comunidades Negras Rurais. O governo federal criou o Grupo de Trabalho Interministerial de Valorização da População Negra, que iniciou formalmente a discussão acerca de ações afirmativas, com menção às cotas raciais, e, no ano seguinte, reconheceu Zumbi dos Palmares como herói nacional.

Em 1993, a cineasta Raquel Gerber confiara o acervo de pesquisa do filme *Orí* para o Centro de Estudos Africanos da Universidade de São Paulo. Em 1999, Bethania Nascimento Freitas Gomes, bailarina e filha de Beatriz Nascimento, doou o acervo pessoal da mãe para o Arquivo Nacional. Tive contato com Beatriz Nascimento a partir do documentário. Li alguns de seus artigos e incorporei-os ao estudo que realizava com comunidades negras rurais e quilombos cearenses. Posteriormente, alguns levantamentos nos dois acervos me possibilitaram escrever e publicar *Eu sou atlântica: Sobre a trajetória de* vida de Beatriz Nascimento,[10] no qual estão republicados alguns ensaios, artigos e poemas da autora. Com seu trabalho poético, caminho trilhado por ela em parte significativa dos anos 1980, mas raramente conhecido, pude organizar o livro *Todas (as) distâncias: Poemas, aforismos e ensaios de Beatriz Nascimento*, em colaboração com Bethania Gomes.

Relações raciais, quilombos e movimentos

A proposta imbuída nesta coletânea é reunir os ensaios e artigos de Beatriz Nascimento centrados nas questões negras, raciais e quilombolas, fruto de seu trabalho com a história e a historiografia, voltado para os quilombos brasileiros, com referência nos *kilombos* africanos. O material advém do seu acervo no Arquivo Nacional e de buscas em jornais e revistas da época. A ideia é identificar os temas e as fontes, apontar as pertinências e contradições, lançando outras reflexões sobre sua trajetória ou evocando o contexto pessoal e social, indicando quando ela amplia o leque temático e diferencia o trato com a linguagem. Uma leitura especializada, cotejada com outras fontes, permite identificar algumas imprecisões que não alteram as teses da autora. Algumas contradições podem ser notadas em seu trabalho, a exemplo da ideia de história verdadeira ou deformação histórica (que a visão foucaultiana de discurso colabora para rever) ou da reiteração de que os quilombos no Brasil tinham características geográficas, ambientais, semelhantes, algo que não se confirma.

Quatro partes compõem o livro. Cada uma contém artigos, resenhas ou ensaios escritos em um curto intervalo entre a elaboração e/ou publicação do texto, o que inclui apontamentos sobre os veículos de comunicação que abrigaram essas publicações, dos quais muitos não existem mais.

A Parte I — Intelectualidade, relações raciais e de gênero — traz os dois primeiros ensaios publicados por Beatriz Nascimento, em 1974. Ambos vieram a lume na *Revista de Cultura Vozes*, publicação católica e do campo da esquerda. Os outros dois que completam a seção vêm de uma revista e um jornal do mesmo espectro político.

No ensaio "Por uma história do homem negro", a autora empreende uma crítica à ciência e à intelectualidade que não reconhecem a história negra ou a história do negro. Interpela a academia e faz considerações sobre as separações disciplinares para alcançar esse projeto, assim como critica a abordagem unicamente socioeconômica. Um ponto a ressaltar é a proposição de incluir a subjetividade nesses estudos.

No mesmo ensaio, Beatriz Nascimento relata ter sido questionada em suas escolhas culturais e raciais por um pesquisador branco, o que anuncia uma tensão racial: "Uma das piores agressões que sofri nesse nível foi por parte de um intelectual branco. Disse-me ele que era mais preto do que eu por ter escrito um trabalho sobre religião afro-brasileira, enquanto eu não usava cabelo afro nem frequentava candomblé". Ela segue, ampliando para o quadro do confronto com o pensamento ocidental, transposto para o embate branco × negro: "Os artistas, intelectuais e outros brancos, diante da crise do pensamento e da própria cultura do Ocidente, voltam-se para nós como se pudéssemos mais uma vez aguentar as suas frustrações históricas".

Em "Negro e racismo", Beatriz Nascimento retorna a questões do texto anterior, como as relações raciais abordadas em sua dimensão pessoal e de estudo. A autora inicia rebatendo visões de mundo ou ideologias, algumas delas emanadas do mundo intelectual, artístico ou político, a exemplo da ideia de "pureza" racial ou cultural. Ela prossegue articulando as noções de raça e classe, e formulando a ideia de que o preconceito racial se reflete em todos os níveis sociais, a saber, o socioeconômico e o jurídico-político.

Em julho de 1976, o jornal *Última Hora* traz em suas páginas o ensaio "A mulher negra no mercado de trabalho", uma das primeiras reflexões da época acerca do tema, na perspectiva de uma acadêmica, pesquisadora e militante. A autora delineia alguns mecanismos de discriminação social — de classe e raça — que redundam na inferiorização social das mulheres negras. Nessa engrenagem, insere a exploração sexual que se processa diferenciada e desigualmente.

No ensaio "Nossa democracia racial", escrito com uma linguagem um tanto coloquial, a autora trata as relações raciais no país como um conflito não manifesto, distinguindo termos como "tolerância", "democracia" e "consciência", passando pela comparação com os Estados Unidos da América. Uma distinção é bastante perceptível: quando se trata de uma minoria de pessoas negras em ascensão social é acionada a noção de cultura, e quando se aborda a "maioria marginalizada" é a classe que adentra as discussões.

Na Parte II da coletânea — Escravismo, fugas e quilombos — estão agrupadas quatro resenhas de livro e uma réplica, com mais dois artigos publicados em jornais. Na primeira — "Escravos a serviço do progresso" —, a autora se debruça sobre a obra *Os últimos anos da escravatura no Brasil*, do historiador estadunidense Robert Conrad, na qual ressalta a cuidadosa pesquisa sobre um tema ainda incipiente no país.

Introdução

Na resenha "A incensada princesa", sobre o livro *Escravidão no Império*, do jornalista e dramaturgo Brasil Gerson, Beatriz Nascimento aponta vários problemas e usa de ironia para criticar o autor, os artifícios da obra e suas ideias de aproximação racial no país. O título se deve à reiteração da figura da princesa Isabel como "A Redentora". Pelo tema e pela compilação de documentos da época, a obra de Brasil Gerson continua a ser mencionada em estudos históricos.

"Conselhos ao príncipe" é o título dado à resenha do livro *Testamento político de D. Luís da Cunha*, sobre o representante diplomático da monarquia portuguesa em outras cortes e também estrategista geopolítico de lógica mercantilista. Beatriz Nascimento inicia reconhecendo uma mudança nos estudos históricos, desde o século xix, tendendo para a história social, concomitante à formação de outras disciplinas como sociologia, antropologia, ciência política, incluindo também a geografia. A autora ressalta a ausência de uma história individual na sua contemporaneidade.

Em "Conceitos ultrapassados", resenha da segunda edição de *O negro na luta contra a escravidão*, de Luiz Luna, a principal crítica de Beatriz Nascimento é de que, no período situado entre a primeira e a segunda edição da obra, respectivamente 1968 e 1976, outras perspectivas historiográficas tinham vindo a lume, sobretudo nos Estados Unidos, na Inglaterra e no Brasil, considerando particularmente a enunciação de um ponto de vista negro da história e apresentando suas leituras da história do trânsito entre Angola e Brasil.

O texto "Escravidão" é uma réplica à carta de um leitor do *Jornal do Brasil* que contesta a resenha anterior com afirmações sobre os povos e sociedades da área de Angola. Beatriz

Nascimento o refuta, fazendo as devidas distinções entre os nomes de grupos etnolinguísticos, povos, nações e entrepostos comerciais.

Antes de iniciar sua principal pesquisa com quilombos, a autora publica dois ensaios sobre o tema. "Zumbi de *Ngola Djanga* ou de Angola Pequena ou do Quilombo dos Palmares", seu primeiro texto sobre o Quilombo dos Palmares, ficando muito próxima da leitura dos historiadores e cientistas sociais que lhe antecederam, especialmente Edison Carneiro e Décio Freitas. Cabe ressaltar que ela acrescenta observações no tocante à movimentação territorial de personagens e à geopolítica de Palmares e seus contendores, outro tema que cresce em seus estudos.

Em Fortaleza, no Rio de Janeiro e provavelmente em outras cidades, supostos quilombos apoiados por abolicionistas se tornaram muito conhecidos, particularmente no período final do escravismo. No caso de Santos, "O Quilombo do Jabaquara", tema do pequeno ensaio seguinte, era a localidade de maior atenção. Tinha a chefia de um homem negro, o ex-cozinheiro Quintino de Lacerda.

Entre 1974 e 1977, ano em que profere a conferência Historiografia do Quilombo, na USP, Beatriz Nascimento publicou cinco ensaios e cinco resenhas, além de ter sido entrevistada duas vezes, o que a coloca em posição de destaque entre a intelectualidade brasileira branca e negra, masculina e feminina. No acervo da autora há um plano de copidesque, datilografado, que demonstra o cuidado com a revisão dos seus primeiros escritos e falas publicadas, cogitando o agrupamento de alguns e prevendo a adaptação de entrevistas para textos. Tal procedimento demonstra o cuidado não somente com a reelaboração dos textos, mas com suas ideias como intelectual negra, seu pensamento, que toma rumo próprio em meio aos ares políticos, quando o movimento negro ainda não estava constituído nacionalmente.

Os trabalhos da Parte III — O quilombo como sistema alternativo — estão relacionados ao projeto de pesquisa "Sistemas sociais alternativos organizados pelos negros: Dos quilombos às favelas", desenvolvido entre 1978 e 1981. Na leitura dos textos é possível apreender que o projeto nasce de um questionamento central: a história e a historiografia dos anos 1970 (e anteriores), que pouco se dedicavam ao estudo dos quilombos como uma questão específica. Cabe destacar que os programas de pós-graduação em história na USP e na UFF se iniciaram em 1971, e na UFRJ em 1982. Além de várias referências bibliográficas e algumas fontes documentais, a pesquisadora indica os sentidos de quilombo com os quais trabalha: formas de resistência ao sistema escravista, significado ideológico, composição complexa (incluir fugidos e libertos) e continuidade entre quilombos e favelas (sobretudo no caso do Rio de Janeiro). Em seu acervo, há pelo menos dois "planos de tese" que trazem em comum alguns pontos: a questão das fontes, a origem do quilombo na África, o tráfico negreiro, as fugas, o conceito de quilombo e a possibilidade de continuidade histórica.

O texto "Sistemas sociais alternativos organizados pelos negros: Dos quilombos às favelas" é uma introdução extensa ao relatório narrativo final da principal pesquisa de Beatriz Nascimento. Ele traz alguns problemas de uso dos termos "quilombos" e "sistemas sociais", de ordem das temporalidades e das variações regionais. Mesmo que a autora não apresente diretamente algumas fontes documentais, e considerando que as exigências de citação não eram como hoje, merece destaque a bibliografia de historiadores e antropólogos.

O deslocamento que a autora faz do estudo das relações raciais para os quilombos não consiste em abandono do primeiro tema. Os sujeitos em foco na história — negros e quilombolas (e não escravos) — aparecem em alguns autores que lhe antecedem, sobretudo em Edison Carneiro, e fazem diferença em relação à historiografia anterior. O livro de Décio Freitas, *Palmares, a guerra dos escravos*, publicado em 1971, era lido entre a militância, e o autor ministrou alguns cursos para esse público.

O relatório de Beatriz Nascimento em parte contém algumas respostas para a questão da continuidade dos quilombos pós-abolição, dando origem a determinadas favelas. No entanto, cada artigo ou ensaio abre mais um leque de perguntas. Como exercício de pensamento, ela vai dos tempos de guerra aos tempos de paz para quilombolas, adentrando em exercícios de imaginação histórica acerca da subjetividade desse vasto e variado segmento.

O ensaio "Quilombos: Mudança social ou conservantismo?" porta uma pergunta explícita à principal questão da pesquisa: "O que foi e o que hoje é o 'quilombo' e suas implicações na história brasileira e na trajetória histórica e de vida de negros no Brasil?". A história dos quilombos é considerada um lapso na história nacional, e tem um propósito, ao ser vista no conjunto da população negra brasileira. Esse é um texto introdutório e panorâmico, correlato a outros do período, como *Os quilombos e a rebelião negra*, de Clóvis Moura, publicado em 1981.

No artigo "Kilombo e memória comunitária: Um estudo de caso" transparecem o cuidado e a busca empreendida na pesquisa com a questão central, iniciando pela toponímia, usando vários procedimentos, passando por locais apontados como "ex-quilombos", na companhia de Marlene Cunha de Oliveira, cientista social, amiga e fundadora do Gtar. O local de maior permanência em campo, em Minas Gerais, é um núcleo negro que tem um Reinado e um Congado, expressões culturais afro-brasileiras devotadas a Nossa Senhora do Rosário, são Benedito e santa Ifigênia, em que relações raciais pregressas podem ser observadas e o quilombo aparece na memória, com o topônimo Calhambola (quilombola).

No artigo "O conceito de quilombo e a resistência cultural negra", a historiadora se dedica a tratar essa "instituição" numa sequência temática detalhada: na forma africana do *kilombo*, instituição militar dos Jaga entre os reinos da área Congo-Angola; nos períodos colonial e imperial brasileiros, tendo Palmares como o único correlato possível do africano; no sentido ideológico, como resistência cultural; na literatura historiográfica e no horizonte da formação do movimento negro.

"O nativismo angolano pós-revolução" é um estudo/relato que passou a compor a pesquisa após a oportunidade de uma viagem às terras angolanas. É um texto que não circulou e possibilita compreender como Beatriz Nascimento se situava no campo das relações Brasil-África, dos estudos africanos, voltada sobretudo para a área Congo-Angola, de maior contingente na formação étnica, racial, linguística e cultural brasileira. Sua chegada ao país se dá quatro anos depois da Independência e logo após os funerais de Agostinho Neto, o primeiro presidente de Angola. Por se tratar de uma viagem não muito longa e pela subsequente elaboração, o texto certamente desperta leituras alternativas ou mesmo contrárias entre quem conhece e/ou vivencia o quadro retratado. Em gesto altruísta e incomum no tocante a pesquisas como esta, que envolvem diferenciações e assimetrias entre países e culturas, Beatriz Nascimento deixa gravações, tabelas e mapeamentos em um órgão público angolano.

A pesquisadora elabora o artigo "O movimento de Antônio Conselheiro e o abolicionismo: Uma visão da história regional" segundo as indicações do historiador sergipano José Calasans, que levam a pensar que o líder de Canudos, em alguns momentos, teve como tema o cativeiro e a abolição, e, por sua vez, contaria com ex-escravizados e ex-escravizadas no conjunto daqueles que compunham o Arraial. A partir daí, agregando dados de cor/raça e o número de libertos, a historiadora aponta que o município de Monte Santo e seu entorno tinham maioria negra (pretos e pardos) e se inseriam em movimentações regionais/nacionais de suma relevância, como o trabalho com a borracha na Amazônia e a formação de quilombos. Após um breve levantamento, é relevante destacar que há comunidades quilombolas contemporâneas em Monte Santo e nos municípios de Jeremoabo, Conde e Alagoinhas.

A Parte IV — Movimento negro e cultura — contém os textos de Beatriz Nascimento, escritos entre 1985 e 1994, marcados por inflexões pessoais e por outros processos políticos e sociais, como o fim dos governos militares, a vigência da nova Constituição Federal e a globalização.

O ensaio "Daquilo que se chama cultura" trata da questão do mito, figura importante para as subjetividades coletivas, mas talvez não imprescindível, aludindo a Zumbi dos Palmares. Essa questão reaparece no filme *Orí*. O ensaio "A luta dos quilombos: Ontem, hoje e amanhã" é uma síntese dos temas trabalhados pela autora na pesquisa "Sistemas sociais alternativos organizados pelos negros: Dos quilombos às favelas", com acréscimos e uma linguagem, por vezes, muito metafórica. Como parte dessa virada, há o artigo "A mulher negra e o amor", bastante diferenciado para o período e para o pensamento negro no Brasil. A autora retoma estereótipos mencionados em "A mulher negra no mercado de trabalho" e amplia a reflexão. Racializando o par pessoal/político, antecipa a ideia de paridade de gênero, antes de essa expressão existir. Uma noção incomum de amor fecha o artigo.

Abrindo uma sequência de textos que revisitam temas de seus primeiros escritos, o pequeno ensaio "Atualizando a consciência" aponta questões como os movimentos que estavam nascendo ou se reorganizando nos anos 1970, simultaneamente às organizações de esquerda. O ensaio "Carta de Santa Catarina" foi escrito a partir de uma viagem de Beatriz Nascimento a Florianópolis para exibição e debate de *Orí*, em meio a reflexões e mobilizações sobre a população negra no estado e na sua capital. A autora, como se dizia à época, rebobina um filme denso, coletivo e pessoal relativo à formação do movimento negro, à ideia de raça, à diáspora e suas poéticas. É um texto de maturidade e de síntese. Cabe notar a conceituação de colonialismo.

"Eram deuses os negros da 'Pequena África' no Rio de Janeiro", na expressão da própria autora, é um texto-tema para o Carnaval do ano de 1991 do bloco afro Alaafin Aiyê. A presença negra dos chamados "nagô" e "banto" é assinalada, assim como os quilombos formados na cidade no final do século XIX. Coerente com sua crítica ao mito, cabe observar que a autora não se refere ao nome de Zumbi dos Palmares, o que não impede que o faça em outras produções.

Em "*Kilombo*", o último ensaio desta coletânea, breve como o anterior e destinado a abordar culturas em interlocução, Beatriz Nascimento volta ao pensamento sobre os quilombos africanos e brasileiros tendo em mente sujeitos diaspóricos que, no caso das religiões de matriz africana, levariam a um outro sentido do termo: do indivíduo ao território, marcado pela ancestralidade. De forma sintética, a autora formula a existência da correlação entre terreiros, favelas, espaços recreativos e outros locais negros e a conexão entre o *Kilombo* africano/"angolano" (agrupamento militar dos Jaga, aos quais a rainha Njinga, ou Nzinga, se associa) e o quilombo brasileiro (sobretudo Palmares, nas formas de ataque e defesa, com nomes e nomeações — Ganga-Zumba, Zumbi —, organização social etc.), na segunda metade do século XVII.

Outro quadro tem se anunciado acerca de Beatriz Nascimento. Andrelino Campos, seu colega de Gtar, retomou parte significativa de sua pesquisa na obra *Do quilombo à favela: A produção do "espaço" criminalizado no Rio de Janeiro*,[11] traçando, desde o século XIX, a passagem entre os primeiros como apropriações espaciais e das últimas como territórios subalternos no século XX. A exemplo de outras personas da intelectualidade negra dos anos 1970 a 1990, a trajetória e a obra de Beatriz Nascimento têm sido estudadas,[12] correlacionadas com outras autoras negras, e suas noções acerca de quilombos e territórios negros têm sido retomadas no Brasil e fora do país. Uma ampla coletânea de textos — *Beatriz Nascimento: Quilombola e intelectual* — foi organizada em 2018 pela União dos Coletivos Pan-Africanistas.[13] Seus ensaios, artigos, poemas e aforismos são lidos em cursos sobre feminismo negro, epistemologias negras e diáspora africana em algumas universidades brasileiras e também em estudos estrangeiros, com tradução recente para o inglês. Seus registros audiovisuais compõem alguns trabalhos escritos e artísticos. Há uma rede de "historiadoras negras e historiadores negros" vinculada à Associação Nacional de História (Anpuh). A questão quilombola se expandiu nas pesquisas historiográficas, alcançando outras linguagens, a exemplo das artísticas e sobretudo no aparecimento político das comunidades quilombolas, com seu próprio movimento e elaborando suas próprias narrativas.

Por fim, na manufatura desta coletânea, as palavras de gratidão vão para: Thais de Souza, que digitou grande parte dos textos com qualidade e rapidez; Juliana Freire, pela revisão feita com muita acuidade; Janira Sodré Miranda e Igor Alencar, a quem mostrei alguns trechos, tendo retornos firmes e sensíveis; Matheus Gato de Jesus e Diogo Cirqueira, que deram atenção em momentos cruciais da redação; Tailane Machado Santos, companheira de estudos da obra de Beatriz Nascimento e colaboradora na produção da cronologia para este livro; e Bethania Nascimento Freitas Gomes, por tudo o que compartilhamos com muita afabilidade.

Dedico este livro — e tomo a liberdade de fazê-lo também em nome de Beatriz Nascimento — a Marlene de Oliveira Cunha, Andrelino Campos, Rosa Virgínia do Nascimento e demais integrantes do Grupo de Trabalho André Rebouças (Gtar), e a Eduardo de Oliveira e Oliveira.

PARTE I

Intelectualidade, relações raciais e de gênero

1. Por uma história do homem negro*

> Como um outro aspecto da deficiência de vida histórica geral, a vida individual não tem ainda história [...].
> O vivido individual da vida cotidiana separada permanece sem linguagem, sem conceito, sem acesso ao seu próprio passado. Ele não se comunica. Está incompreendido e esquecido em proveito da falsa memória espetacular do não memorável.
>
> GUY DEBORD, *A sociedade do espetáculo*

COMO RETOMAR O VERDADEIRO TEMPO da história aparentemente perdido a partir do mecanicismo e da Revolução Industrial nos séculos XVII e XVIII? Como viver a história do homem preterida em favor do cientificismo, de um tecnicismo que permanece justamente por fazer parte dessa mesma história? Como fazer, como escrever a história sem se deixar escravizar pela sua abordagem, fragmentariamente?

É possível reduzir-se a história do homem, a história total, a especializações? Reduzi-la a uma ciência puramente cons-

---

* Este artigo foi publicado na *Revista de Cultura Vozes*, em meio a um período de distensão do regime militar (1974-79) e da entrada de estudantes negros e negras nas universidades, particularmente no Rio de Janeiro. O texto contém uma crítica à ciência disciplinar, com várias separações mesmo na área de humanas, perspectiva que somente cria corpo nos anos 1990. (N. O.)

tatadora do que aparentemente vivemos? É possível limitar a história a um tempo historicamente reduzido, ou seja, entendê-la somente como nos foi apresentada a partir do século xix? Como mais uma ciência?

Como abordar, por exemplo, a história do negro no Brasil? Somente de um enfoque etnográfico, religioso, socioeconômico, ou seja, fragmentariamente, como de um modo geral vem sendo feito de forma brilhante? E a história do homem negro? Afinal, somos homens, indivíduos que devem ser estudados como tal.

Um dos trabalhos mais sérios sobre o negro no Brasil é o de Florestan Fernandes em *A integração do negro na sociedade de classes*.[1] É uma das fontes primordiais para o estudo do negro no país. Outros de igual cunho abordam também o problema do negro do ponto de vista da classe ou da mobilidade social. Esse tipo de abordagem, rico em dados, em números, leva a que alguns estudiosos, e mesmos aqueles que buscam só nesses trabalhos um conhecimento maior da nossa problemática, constatem somente o negro de uma perspectiva social.*

Esse tipo de abordagem é a forma primordial dos estudos históricos atuais. Considero-o para a história do negro brasileiro uma fragmentação um tanto perigosa, porque pretende, na constatação de aspectos, explicar o todo. Um trabalho que trate de um povo como nós tem que levar em conta aspectos

---

* A escolha da chamada Escola Paulista de Sociologia pela área do país tida como moderna no século xx, com bases agroexportadoras do século xix, definiu alguns horizontes: o temporal, o geográfico (o Centro-Sul, o Sudeste, São Paulo). Nos anos 1970, as pós-graduações em história, sociologia e antropologia estão iniciando, o que implicou disciplinaridade, algo que a autora questiona. (N. O.)

não apenas socioeconômicos como também raciais. Não se pode incorrer na perpetuação de mistificações, de estereótipos que remontam às origens da vida histórica de um povo que foi arrancado de seu hábitat, escravizado e violentado na sua história real.

Como seríamos nós, o indivíduo, o homem negro, se não tivesse havido no século xv a Revolução Comercial do Ocidente? Sei que faço uma pergunta que assustará os cientistas, aqueles que veem na história simplesmente uma ciência, aqueles comprometidos com o pensamento dos séculos xix e xx. A ciência atualmente é considerada a *Mater Mundi*. Não podemos ir de encontro aos seus dogmas. Entretanto, a história nasceu com o homem, a ciência só foi possível graças à história, graças ao homem. Reflexões simplistas?

Retomando o problema da história do negro no Brasil: quem somos nós, pretos, humanamente? Podemos aceitar que nos estudem como seres primitivos? Como expressão artística da sociedade brasileira? Como classe social, confundida com todos os outros componentes da classe economicamente rebaixada, como querem muitos? Pergunto em termos de estudo. Podemos, ao ser estudados, ser confundidos com os nordestinos pobres? Com os brancos pobres? Com os índios?

Pode-se ainda confundir nossa vivência racial com a do povo judeu — porque ambos sofremos discriminação? Historicamente, creio não haver nenhuma semelhança entre os dois povos, mesmo se pensarmos em termos internacionais. Em termos de Brasil, nem em fantasia podemos pensar assim; o judeu no Brasil é um branco, antes de tudo judeu, isto é, poderoso como povo, graças ao auxílio mútuo que historicamente desenvolveram entre si.

Não será possível que tenhamos características próprias, não só em termos "culturais", sociais, mas em termos humanos? Individuais? Creio que sim. Eu sou preta, penso e sinto assim. As relações inter-raciais no Brasil são amenas, se considerarmos o comportamento aparente dessas relações entre todas as raças e povos que aqui vivem. Sabemos, no entanto, que com o preto elas tomam um aspecto diferente. Sentimos, nós, pretos, que a tolerância conosco camufla um profundo preconceito racial que aflora nas mínimas manifestações, inclusive naquelas que aparentam ter um cunho afetivo.

A todo momento o preconceito racial é demonstrado diante de nós, é sentido. Porém, como se reveste de uma certa tolerância, nem sempre é possível percebermos até onde a intenção de nos humilhar existiu. De certa forma, algumas dessas manifestações já foram inclusive incorporadas como parte nossa. Quando, entretanto, a agressão aflora, manifesta-se uma violência incontida por parte do branco, e, mesmo nestas ocasiões, "pensamos duas vezes" antes de reagir, pois, como expus acima, no nosso "ego histórico" as mistificações agiram a contento. De tal forma o preconceito racial contra o negro é violento e ao mesmo tempo sutil que ele existe latente e muitas vezes vem à tona nas relações entre nós mesmos. Temos, vamos dizer, uma atitude de amor e ódio por nós mesmos; a presença, o confronto com o outro nos incomoda também.

A democracia racial brasileira talvez exista, mas em relação ao negro inexiste.

As manifestações preconceituosas são tão fortes que, por parte de nossa intelectualidade, dos nossos literatos, dos nossos poetas, da consciência nacional, vamos dizer, somos tratados como se vivêssemos ainda sob o escravismo. A representação que se faz de nós na literatura, por exemplo, é a de criado doméstico, ou, em relação à mulher, a de concubina no período colonial. O aspecto mais importante do desleixo dos estudiosos é que nunca houve tentativas sérias de nos estudar como raça.

O branco brasileiro de um modo geral, e o intelectual em particular, recusa-se a abordar as discussões sobre o negro do ponto de vista da raça. Abomina a realidade racial por comodismo, medo ou mesmo racismo. Assim, perpetua teorias sem nenhuma ligação com nossa realidade racial. Mais grave ainda, cria novas teorias mistificadoras, distanciadas dessa mesma realidade.

Um dos fatos que mais marcaram meu período escolar e minha formação posterior foi quando um professor de geografia, discorrendo sobre a etnia brasileira baseando-se na teoria do lusotropicalismo de Gilberto Freyre, disse: "O Rio de Janeiro era, no início do século, uma sociedade impossível de se viver, só tinha pretos". Adiante, comparando a questão racial dos Estados Unidos com a do Brasil: "No Brasil não existe racismo, porque a miscigenação sempre existiu e continuará existindo, não vamos ter conflitos porque o *negro tende a desaparecer*".

Foi um impacto muito forte, pois ao mesmo tempo que eu sentia o afloramento do racismo de uma maneira tão dura, pensei que aquela talvez fosse realmente a solução para nos sentirmos iguais aos brancos. Entretanto, tive uma grande tristeza, que eu não sabia de onde partia.

Mais tarde, pude rejeitar totalmente essa teoria, mas não me senti tranquila, pois constatava a miscigenação cada vez mais presente, mais solicitada por parte do preto. A miscigenação aconteceria como acontece, mas está fundamentada ideologicamente no embranquecimento, que na história do Brasil situa-se na era pombalina. Não foi tão espontânea como querem, porém existe.

Entretanto, ultimamente tem havido por parte dos intelectuais e artistas, principalmente, uma nova mistificação, baseada em teoria contrária, mas que demonstra um preconceito racial talvez mais perigoso. Uma das piores agressões que sofri nesse nível foi por parte de um intelectual branco. Disse-me ele que era mais preto do que eu por ter escrito um trabalho sobre religião afro-brasileira, enquanto eu não usava cabelo afro nem frequentava candomblé.

Foi uma das constatações mais difíceis de situar, uma das mais sutis sobre o preconceito racial existente no Brasil. Sofremos agressões sutilíssimas, na rua, na escola, no trabalho, até mesmo na família. Mas essa foi verdadeiramente a mais violenta. Não sei a que corrente pertence.

Acredito que ela faça parte da mais nova mistificação em termos de preconceito contra o negro. Os artistas, intelectuais e outros brancos, diante da crise do pensamento e da própria cultura do Ocidente, voltam-se para nós como se pudéssemos mais uma vez aguentar as suas frustrações históricas. É possível que agora, no terreno das ideias e das artes, continuemos a ser "os pés e as mãos" desta sociedade ocidental? Acham eles que, por frequentar candomblé, fazer músicas que falam de nossa alegria, sabedoria e outros estereótipos, podem também subtrair a nossa identidade racial. Se um jovem louro, burguês, intelectual brilhantíssimo, após alguns anos de estudo de uma das nossas manifestações culturais, chegar à conclusão de que é mais preto que eu, o que é que eu sou?

Nas ruas as pessoas me agridem das mais diversas formas. No meu interior há o recalcamento das aspirações mais simples. Em contato com as outras pessoas, tenho que dar praticamente todo o meu curriculum vitae para ser um pouquinho respeitada. Há oitenta anos minha raça vivia nas condições mais degradantes. Penso às vezes que talvez eu estivesse em meu continente de origem se não tivesse havido uma revolução econômica dos brancos, com a qual não tive nada a ver até hoje, pois a maioria dos meus iguais permanece social e economicamente rebaixada, sem acesso às riquezas do país que construiu. Quando de volta ao cotidiano, verifico que as pessoas veem minha cor como meu principal dado de identificação, e nesta medida tratam-me como um ser inferior. Me pergunto que ideologia absurda é essa, dessas pessoas que querem tirar minha própria identidade?

Geralmente, quando somos agredidos na rua e reagimos, apressam-se os agressores imediatamente a recorrer ao que entendem por integração racial, como o dar-se muito bem com os pretos, menos comigo, é claro, que não entendi que foi uma forma de carinho chamar-me, por exemplo, de *crioula*, com uma acentuação bastante depreciativa e agressiva, ou exigir que chame a dona da casa quando atendo à porta do meu apartamento. E outras vezes a violência se manifesta em toda a sua plenitude, com ameaça, inclusive, de agressão física. Na escola ou no trabalho esperam sempre que você seja o incapaz ou o gênio. Quanto ao primeiro, a frase que surge é: "Mas ele é preto"; quanto ao último: "Ele é preto, mas...". Quer dizer, conhece e permanece no seu lugar, no seu papel, na representação.

Nessas ocasiões, você nem sempre revida a agressão. De fato, é impossível estar 24 horas por dia preparado para revidar conscientemente todas essas formas de preconceito, muitas vezes partindo do próprio negro.

Há entre nós uma atitude de defesa diante do outro negro que toma, vez por outra, forma de agressão. É onde nossos recalques afloram mais.

Todas essas agressões não resolvidas, todo o recalque de uma história ainda não escrita, ainda não abordada realmente, fazem de nós uns recalcados, uns complexados. Não afirmo isso empiricamente, a psicologia prova teoricamente que os complexos existem em todos os homens, como recalques, porque há o não resolvido. Em oitenta anos de uma "abolição" da qual pouco participamos, que não partiu do nosso amadurecimento político-ideológico como raça, nem como brasileiros, não podem estar resolvidas as nossas frustrações. A senzala ainda está presente. Oitenta anos em termos de história total são dias.

Como então nos desfazermos dos nossos complexos? Acreditando que embranquecemos quando clareamos a pele? Quando alisamos o cabelo? Quando casamos com branco, surgindo a possibilidade de a próxima geração ser mais clara? Quando acreditamos na democracia racial brasileira? Quando aceitamos frases como "[sou] o branco mais preto do Brasil" ("Samba da bênção", de Vinicius de Moraes)? Quando ascendemos de classe social? Quando nosso grupo, aquele com o qual nos relacionamos, é totalmente branco? Quando acreditamos que *apesar de tudo* "contribuímos para a formação da etnia brasileira através da culinária e da música", como quer a maioria dos nossos livros de história e geografia? Contribuímos ou fomos forçados a fazer essa cultura? Nossa "contribuição" foi de escravos. A maior parte de nossa raça está realmente sem acesso às riquezas, ao bem-estar. Mas será que ela só precisa disso para sentir-se em igualdade?

Será que ela não tem outra representação senão os cultos afro-brasileiros, o samba, o futebol, a alegria e o sexo, como querem alguns renomados escritores? Dizem os intelectuais que nós não temos ideologia própria porque fundamentalmente queremos embranquecer. Será exatamente isso? Ou nossa ideologia não deve ser aflorada? A história da raça negra ainda está por fazer, dentro de uma história do Brasil ainda a ser feita.

Esse projeto é difícil. É um desafio. Este desafio, aceitei-o totalmente a partir do momento em que um intelectual branco me disse que era mais preto do que eu. Foi para mim a afirmação mais mistificadora, mais sofisticada e mais desafiadora. Pensa ele que basta entender ou participar de algumas manifestações culturais para se ser preto; outros pensam que quem nos estuda no escravismo nos entendeu historicamente. Como se a história pudesse ser limitada no "tempo espetacular", no tempo representado, e não o contrário: o tempo é que está dentro da história. Não se estuda, no negro que está vivendo, a história vivida. *Somos a história viva do preto, não números.*

Não podemos aceitar que a história do negro no Brasil, presentemente, seja entendida apenas através dos estudos etnográficos, sociológicos. Devemos fazer a nossa história, buscando nós mesmos, jogando nosso inconsciente, nossas frustrações, nossos complexos, estudando-os, não os negando. Só assim poderemos nos entender e nos fazermos aceitar como somos, antes de mais nada pretos, brasileiros, sem sermos confundidos com os americanos ou africanos, pois nossa história é outra, como é outra nossa problemática. Num país onde o conceito de raça está fundado na cor, quando um branco diz que é mais preto do que você, trata-se de manifestação racista bastante sofisticada e também bastante destruidora em termos individuais. Naquele instante, a partir da minha reação, ao perguntarem-me se eu tinha complexo, surpreendi-me dizendo que sim, com um orgulho jamais sentido. Justifico: se minha cultura é considerada "contribuição à..."; se minha raça nunca teve acesso nem conjunta nem representativamente às riquezas deste país; se a maioria de nós está dispersa por força de uma incomunicabilidade que deve ser posteriormente estudada (o negro brasileiro, com raras exceções, não se agrupa); se nossa manifestação religiosa passa a ser folclore, ou, o que é pior, consumida como música na TV (vide música de Vinicius de Moraes e Toquinho cantando o nome de Omolu), quando um branco quer retirar minha identidade física — único dado real da minha história viva no Brasil — só me resta o que está dentro de mim, só me resta assumir o meu complexo não resolvido.

Resta-nos somente nosso inconsciente, que só através da história poderá ser compreendido e solucionado.

Não aceito mais nenhuma forma de paternalismo, especialmente intelectual. Como o jovem branco, eu adquiri instrumentos para o meu conhecimento através do estudo da história, na qual acredito totalmente. São instrumentos adquiridos na cultura branca ocidental, portanto nada deixo a dever a ele. Entretanto, como me disse a pessoa que mais amo, um negro, meu marido, as coisas que reflito neste momento já existiam no ventre de minha mãe, num quilombo qualquer do Nordeste, na África, aonde já não quero nem posso mais voltar. Portanto, em minha raça, na história do homem.

2. Negro e racismo*

NO ESTUDO DA FORMAÇÃO HISTÓRICO-SOCIAL do Brasil proliferam trabalhos relacionados com os aspectos econômicos e políticos, enquanto as "teorias" que tentam explicar os aspectos ideológicos dessa sociedade limitam-se a adaptar conceitos importados de uma ciência social europeia ou norte-americana, restringindo sua discussão a fechados círculos intelectuais ou mesas de bar em fim de noite. Desse modo, a "ideologia nacional" é considerada por determinados meios um estudo de luxo, na melhor das hipóteses, quando não preconceituosamente confundida com aspectos subjetivos (o papel econômico é que é considerado objetivo) e vista como especulação desvirtuadora.

Entretanto, para o entendimento de nossa sociedade é necessário conhecer um elemento de suma importância na sua formação histórica. Esse elemento, por não pertencer, em sua maioria, às camadas mais altas da população, tem um acesso minoritário àqueles círculos considerados cultos, o que o impede de participar de discussões consideradas *esnobes* (no Bra-

---

* Este texto foi publicado na *Revista de Cultura Vozes* com cerca de oito meses de intervalo do ensaio anterior. A autora tece críticas às elites acadêmicas que pautavam a questão negra em termos de classe, e não de raça, de conceitos relativos a uma adequação social ou que a relegavam a uma subjetividade abstrata. E volta a propor uma "história do negro no Brasil", algo que não estava no horizonte teórico das elites acadêmicas do período. (N. O.)

sil é considerado "esnobismo" discutir ou interpretar os aspectos pluralísticos do nível ideológico da sua formação social).

O elemento a que nos referimos é o negro brasileiro, que só pode ser entendido a partir de um estudo profundo da *ideologia nacional* e das suas implicações num todo social, do qual, por força do preconceito racial (dentro daquela ideologia), é posto à margem. O mesmo preconceito racial pelo qual é espicaçado no seu cotidiano historicamente é evidenciado na ausência de um pensamento livre do brasileiro com relação a ele mesmo, de um pensamento livre do negro sobre si próprio.

Quando em um artigo publicado pela *Revista de Cultura Vozes*, em seu primeiro número do ano corrente, dizíamos que deveríamos ser entendidos como brasileiros, sem sermos confundidos com os negros norte-americanos ou africanos, queríamos deixar expresso que existia um preconceito no nível das ideias que procurava nos entender sob a luz dos problemas de outros negros que viveram uma outra realidade social e racial que não a nossa. Essa importação de "ideologias" é típica do pensamento da intelectualidade brasileira, a mais branca, a mais europeizada de todo o chamado Terceiro Mundo. Ou seja, a mais complexada das elites, justamente por ser aquela que jamais se conformou em trazer no seu todo social elemento tão degradante, o qual por força das circunstâncias históricas foi o mais importante no seu processo de formação. O escravo negro, assim como o negro atual, não participou da formação social do Brasil só com seu trabalho, com seu sofrimento, ele participou também da mesa, da cama, do pensamento e das lutas políticas do colonizador e de seus descendentes. Para todo lado que o branco olhar, irá se deparar com o espectro daquele que ele escravizou e que corrompeu.

É justamente o fato de nos ter corrompido que maltrata as consciências salvadoras de muitos dos nossos "defensores", daqueles que atualmente nos querem redimir estudando-nos através de aspectos socioeconômicos e apressando-se em se "sentir" negros, como se séculos de sofrimento e marginalização pudessem ser redimidos por uma sensação de "ser negro". Ser negro é enfrentar uma história de quase quinhentos anos de resistência à dor, ao sofrimento físico e moral, à sensação de não existir, à prática de ainda não pertencer a uma sociedade à qual consagrou tudo o que possuía, oferecendo ainda hoje o resto de si mesmo. Ser negro não pode ser resumido a um "estado de espírito", à "alma branca ou negra", a aspectos de comportamento que determinados brancos elegeram como sendo de negro, e assim adotá-los como seus.

Ser negro por adoção é uma tarefa tão simples quanto falsa. Nela se esconde a tentativa de dar continuidade ao quadro racial dominante, é um modo sofisticado de apresentar sob a forma de paternalismo o preconceito de quem não pode negar uma origem que repudia; de quem deve a maior parte do que possui ao povo que escravizou e desumanizou. Esse é um paradoxo por demais incômodo. Não contavam os dominadores que seus dominados acumulassem não só sofrimento e miséria, mas também aspectos de sua cultura, inclusive seus vícios e virtudes.

Atualmente, com a crise da cultura ocidental, crise nas formas de pensamento, nas artes, nas instituições de um modo geral, as elites intelectuais dos países de contingente negro procuram saídas na maneira de ser e de sentir que eles conceituam como sendo do negro. Repetem, não sei se conscientemente ou inconscientemente, o mito do "bom selvagem" do século xviii, aparecem dezenas de "Rousseau" nos perguntando a que ramo africano pertencemos, se somos provenientes da África, de que tribo etc.; ou então, baseados no comportamento do negro americano e no *feeling* do *black power*, querem nos dar consciência, uma consciência que talvez seja a deles (brancos). Esquecem somente que não é possível mais sobreviver a mitos (criados justamente para institucionalizar a dominação e fundamentá-la moralmente) que revelem pureza, beleza etc., porque a dominação ocidental se encarregou não só de usar fisicamente seus dominados, mas também, sob forma de ideologia, impregnou-os de seus hábitos, de seus fins, de sua moral. Enfim, esquecem que nos corromperam e que agora não adianta nos ver belos ou puros, porque para nós está muito claro que quem domina o mundo é o Ocidente branco com seu dinheiro, suas armas, sua ciência, sua moral, sua estética.

Não existem mais "bons selvagens", como não existem mais "negros puros" que saibam seu ramo africano no Brasil. Depois de nos explorar e tirar as melhores coisas, depois de nos reprimir, a ideologia dominante quer nos "descobrir" (como costumam dizer alguns dos paladinos a favor do negro) "puros", "ricos culturalmente", "conscientes de nossa raça". Não entendem que esses ideais de pureza, beleza, virilidade, fortaleza que querem nos inculcar são conceitos seus, impregnados de sua cultura; quanto à nossa consciência de nós, ela só pode sair de nós mesmos, e a partir de uma consciência do dominador.

Perdoem-nos se não correspondemos mais uma vez às expectativas das necessidades dos nossos antigos senhores. Pelo menos aqui no Brasil não é mais possível encontrar o homem negro "puro". Por enquanto ainda queremos nos "igualar", sermos "aceitos". Por enquanto ainda impera em nós o ideal estético do branco. Por enquanto há que nos ver com "alma branca", porque nós fazemos parte de um todo em que domina a ideologia do dominador, nós não somos "belos" como o negro americano — e não queremos nem podemos ser. Se algum intelectual branco estiver interessado em saber, nós só podemos ser compreendidos na medida em que ele perca o complexo de inferioridade que possui em relação à Europa ou aos Estados Unidos (para não dizer que o brasileiro tem complexo em relação a todo o mundo; uma de suas maiores aspirações é ser estrangeiro, e de língua francesa) e nos encare como nós somos, isto é, aceite-se, tendo se misturado conosco, tendo usufruído de todos os nossos bens, aceite ser parte de nós, ter sido alimentado, amado e defendido por nós, aceite ter negado na prática sua moral, sua religião, sua cultura dormindo conosco na cama, amamentado por nossas mulheres, defendido e instruído por nossos homens. Aceite-se sem culpa, sem preconceitos. Aceite-se tão miserável quanto seus escravos, tão faminto quanto eles, tão "inculto" quanto eles (ou mais), talvez assim alguma coisa de nós possa ser útil para a compreensão de sua sociedade em crise.

O preconceito quanto ao estudo das ideologias provoca, no pensamento das camadas instruídas do país, uma série de mal-entendidos que — com a aparência de "aceitar" a "contribuição cultural" do negro — perpetuam o racismo, pois fundamentalmente elas desconhecem quem são os "contribuintes" e, o que é pior, não os querem conhecer. Preferem muitos "teóricos" repetir obviamente que a origem da discriminação está no aspecto socioeconômico que caracteriza a sociedade brasileira. Insistem em não ver o preconceito racial como reflexo da sociedade como um todo, ou seja, em todos os seus níveis, pois a ideologia, em que repousa o preconceito, não está dissociada do nível econômico ou do jurídico-político; não está nem antes nem depois desses dois, também não está acima ou abaixo. A ideologia, em suas formas, integra-se a e está acumulada numa determinada sociedade, juntamente com os outros dois níveis estruturais. Confundir esquematização de conceitos para um melhor estudo e compreensão do problema com a prática dos conceitos na realidade concreta é demonstrar uma ignorância de mau aluno, para não dizer que é justamente pôr em prática o mesmo preconceito sob a forma velada de "inocência (muito) útil". Repetir que o preconceito racial é de origem econômica, ou decorre do fenômeno da luta de classes, procurar somente nas fundamentações econômicas explicação para uma situação tão complexa não esclarece, só contesta, nem promete soluções para os diretamente interessados nela.

A ideologia do racismo tem raízes tão profundas na formação social brasileira que temos de levar em conta uma série de formas de comportamento, de hábitos, de maneiras de ser e de agir inerentes não só ao branco (agente) como ao negro (paciente). Principalmente, é da parte do negro que se necessita esclarecer todo o produto ideológico de quatro séculos de inexistência dentro de uma sociedade da qual ele participou em todos os níveis.

Propomos a nós mesmos e aos negros brasileiros que, num esforço comum, tentemos compreender e expor as características do preconceito racial no nosso comportamento, na nossa maneira de ser, de como ele se reflete em nós. Procuremos caracterizar isso não somente com repetições de situações, mas com uma interpretação fidedigna acerca dos reflexos do racismo em nós, a fim de que nos integremos na "consciência nacional" não como objetos de estudo, mumificados por força de uma omissão e de uma dependência de pensamento que não fez mais que perpetuar o status quo ao qual estamos submetidos historicamente. É tempo de falarmos de nós mesmos não como "contribuintes" nem como vítimas de uma formação histórico-social, mas como participantes dessa formação.

Quando nos propusemos a escrever uma história do negro no Brasil, sabíamos da dificuldade de tal empreendimento, entretanto se nos apresentou uma dificuldade inicial, que foi elaborar uma metodologia adequada e de uma outra conceituação não só no nível do estudo em si, porém, mais precisamente, na utilização de conceitos que vão ao encontro daqueles universalizados pela dominação ocidental, os quais consistem em expressar a posição do dominador frente aos seus dominados. Ao utilizarmos determinados termos como "aceitação", "integração", "igualdade", queríamos mostrar na prática como a ideologia da dominação representa nela mesma, através da linguagem, o preconceito, evidencia uma situação de fato, isto é, o racismo, a discriminação.

Tomando como exemplo esses três conceitos poderemos demonstrar como se torna difícil para o negro que se propõe a estudar a discriminação racial (e não só ela em si, mas toda a história do negro brasileiro) conceituar do seu ponto de vista sua situação e suas aspirações dentro da sociedade dominante. Torna-se ainda mais difícil construir uma metodologia desse estudo, pois, impregnado de uma cultura em todos os sentidos branca e europeizada, se faz necessário perguntar a si próprio se determinados termos correspondem à sua perspectiva, se não são somente reflexos do preconceito, repetidos automaticamente sem nenhuma preocupação crítica. Ou seja, se não estamos somente repetindo os conceitos do dominador sem nos perguntarmos se isso corresponde ou não à nossa visão das coisas, se esses conceitos são uma prática, e, caso sejam uma prática, se isso é satisfatório para o negro. Somos aceitos por quem? Para quê? O que muda ser aceito? O que é ser igual? A quem ser igual? É possível ser igual? Para quê ser igual?

As perguntas aos conceitos até aqui utilizados com relação ao negro e ao estudo da discriminação, a nosso ver, devem ser inquiridas e decompostas minuciosamente em todas as suas implicações. Assim como esses conceitos que mencionamos, quase tudo o que foi dito sobre o negro, tudo o que lhe é atribuído, o que até agora é considerado ser negro, inclusive a cultura do negro, deve ser reexaminado não sob o ponto de vista da ideologia dominante, mas sob o ponto de vista das nossas aspirações e necessidades. Isso só é possível à luz de uma fidelidade à história. Só o levantamento histórico da vivência do negro no Brasil levada a efeito pelos seus descendentes, isto é, os que atualmente vivenciam na prática a herança existencial, poderá erradicar o complexo existente nele, assim como o preconceito racial por parte do branco.

3. A mulher negra no mercado de trabalho*

PARA ENTENDER A SITUAÇÃO da mulher negra no mercado de trabalho, acho necessário voltarmos um pouco no tempo, estabelecendo um pequeno histórico da sociedade brasileira no que concerne à sua estrutura. Da maneira como estava estruturada essa sociedade na época colonial, ela surge como extremamente hierarquizada, podendo-se conceituar como de castas, na qual os diversos grupos desempenham papéis rigidamente diferenciados.

Num dos polos dessa hierarquia social encontramos o senhor de terras, que concentra em suas mãos o poder econômico e político; no outro polo, os escravos, a força de trabalho efetiva dessa sociedade. Entre os dois polos encontramos uma camada de homens e mulheres livres, vivendo em condições precárias, sem meios de vida. Por estar assim definida, a sociedade colonial se reveste de um caráter patriarcal que permeia toda a sua estrutura, refletindo-se de maneira extrema sobre a mulher.

Pelo caráter patriarcal e paternalista da sociedade, atribui-se à mulher branca o papel de esposa do homem, mãe dos seus filhos e dedicada a eles. Desse modo, seu papel é assinalado

---

* Artigo publicado no jornal *Última Hora*, em julho de 1976. Note-se a correlação entre raça, sexo e classe, assim como entre discriminação racial, dominação sexual e hierarquia social. Nesse período, os estudos sobre desigualdades raciais estavam iniciando no país. (N. O.)

pelo ócio, sendo amada, respeitada e idealizada naquilo que esse ócio representava como suporte ideológico de uma sociedade baseada na exploração do trabalho [e da pessoa] de uma grande camada da população.

Contrariamente à mulher branca, sua correspondente no outro polo, a mulher negra, pode ser considerada uma mulher essencialmente produtora, com um papel semelhante ao do seu homem, isto é, dotada de um papel ativo. Antes de mais nada, como escrava, ela é uma trabalhadora, não só nos afazeres da casa-grande (atividade que não se limita somente a satisfazer os mimos dos senhores, senhoras e seus filhos, mas também de produtora de alimentos para a escravaria) como também no campo, nas atividades subsidiárias do corte e do engenho. Por outro lado, além da sua capacidade produtiva, pela sua condição de mulher e, portanto, de mãe em potencial de novos escravos, ela tinha a função de reprodutora de nova mercadoria para o mercado de mão de obra interno. Isto é, a mulher negra é uma fornecedora de mão de obra em potencial, concorrendo com o tráfico negreiro.

Não quero dizer com a última afirmativa que o crescimento vegetativo da população escrava no Brasil tenha sido positivo. Comparado aos Estados Unidos, onde a população escrava tinha um alto crescimento vegetativo, o balanço entre natalidade e mortalidade dos crioulos no Brasil foi desfavorável. Basta para ilustrar dizer que, após o fim do tráfico nos Estados Unidos, em 1808, até a Guerra de Secessão, a população negra escrava quase triplicou. Enquanto no Brasil, com o tráfico aberto, não aumenta o número de escravos, ficando em torno de 1,5 milhão no mesmo período. De qualquer jeito, é importante chamar atenção para essa "capacidade reprodutiva" da mulher negra, que a reveste de uma tradição como elemento produtor nesse período da história do Brasil, sendo, juntamente com o seu correspondente masculino, o suporte para a instituição escravocrata. Ressalte-se, entretanto, que, justamente por isso, recai sobre ela o peso da dominação senhorial.

A moderna sociedade brasileira apresenta um maior dinamismo no que concerne à diversificação das atividades produtivas, trazido a efeito com o processo de industrialização demarcado no período de 1930. Com a expansão industrial e do setor de serviços, a estratificação social, profundamente polarizada nos períodos anteriores, apresenta maior flexibilidade e gradação. No entanto, essa maior flexibilidade mantém muito profundamente as diferenças de papéis atribuídos aos diversos grupos da sociedade. Inúmeros fatores funcionam como causa para que se perpetuem as diferenças. Um deles, como não poderia deixar de ser numa sociedade constituída de diferentes grupos étnicos, é o fator racial.

Numa sociedade como a nossa, em que a dinâmica do sistema econômico estabelece espaços na hierarquia de classes, existem alguns mecanismos para selecionar as pessoas que irão preencher esses espaços.

O critério racial constitui um desses mecanismos de seleção, fazendo com que as pessoas negras sejam relegadas aos lugares mais baixos da hierarquia, através da discriminação. O efeito continuado da discriminação praticada pelo branco tem também como consequência a internalização, pelo grupo negro, dos lugares inferiores que lhes são atribuídos. Assim, os negros ocupam aqueles lugares na hierarquia social, desobrigando-se de penetrar os espaços que estão designados para os grupos de cor mais clara, dialeticamente perpetuando o processo de domínio social e privilégio racial.

A mulher negra, elemento no qual se cristaliza mais a estrutura de dominação, como negra e como mulher, se vê, desse modo, ocupando os espaços e os papéis que lhe foram atribuídos desde a escravidão. A "herança escravocrata" sofre uma continuidade no que diz respeito à mulher negra. Seu papel como trabalhadora, grosso modo, não muda muito. As sobrevivências patriarcais na sociedade brasileira fazem com que ela seja recrutada e assuma empregos domésticos, em menor grau na indústria de transformação, nas áreas urbanas, e que permaneça como trabalhadora nas áreas rurais. Podemos acrescentar, no entanto, ao que expusemos acima, que a essas sobrevivências ou esses resíduos do escravagismo se superpõem os mecanismos atuais de manutenção de privilégios por parte do grupo dominante. Mecanismos que são essencialmente ideológicos e que, ao se debruçarem sobre as condições objetivas da sociedade, têm efeitos discriminatórios. Se a mulher negra hoje permanece ocupando empregos similares aos que ocupava na sociedade colonial, isso se deve tanto ao fato de ela ser uma mulher de raça negra quanto a terem sido escravos seus antepassados.

Numa sociedade como a nossa, em que convivem elementos arcaicos com o processo de modernização, a educação representa um fator de pressão dos grupos subordinados, visando melhores condições de vida e ascensão social. Entretanto, justamente por causa daqueles elementos arcaicos, os avanços educacionais são limitados e recentes, ao mesmo tempo que carentes, pois a maior parte da população tem tido pouco acesso efetivo ao processo educacional. Contudo, pesquisas recentes baseadas nos recenseamentos de 1940, 1950 e 1970 registram que a mulher branca conseguiu maior acesso ao curso superior, diminuindo proporcionalmente a desigualdade entre ela e o homem branco. A recíproca não foi idêntica quanto à população negra e mestiça, menos ainda em relação à mulher negra.

Como a educação é um requisito para o acesso às melhores ocupações na hierarquia de empregos, deduz-se que as populações de cor e as mulheres brancas não estariam capacitadas para assumir os empregos de maior status e, consequentemente, de maior remuneração. A mulher negra tem possibilidades menores do que qualquer um dos outros grupos. Aqui é preciso estabelecer uma comparação entre a mulher negra e a mulher branca. A partir de 1930, com a decadência das áreas rurais e a consequente ascensão das áreas urbanas, o processo de vida levado a efeito nestas últimas obriga que o poder econômico do homem, enquanto chefe de família, decaia um pouco. Para manter o nível estável da renda familiar e empreender a sobrevivência, filhos e mulheres são obrigados a ingressar no mercado de trabalho. Por outro lado, um dado exógeno concorre para que esses grupos alijados anteriormente da hierarquia ocupacional se engajem no processo: a necessidade de mão de obra para a indústria e outros serviços recentes concorrem para esse fenômeno.

As populações de nível de renda mais baixo são as principais recrutadas. Desse modo, a mulher branca passa a fazer parte da força de trabalho. Mas, como não podia deixar de ser, pelo fato de pertencer ao grupo subordinado, ela ocupa lugares definidos como "atividades femininas". Na fase inicial de industrialização, a mulher branca participa da força de trabalho como operária industrial. Posteriormente, com o declínio das indústrias tradicionais, principalmente a têxtil, ela se vê expulsa do setor industrial e passa a concentrar-se em empregos burocráticos de nível inferior, que, embora mal remunerados, exigem certa qualificação educacional. Como consequência desse deslocamento, os homens de classe média ascendem a ocupações burocráticas de nível mais elevado.

O mesmo não ocorre com a mulher negra, e isso por dois motivos fundamentais: o primeiro, porque a mulher negra ainda não teve acesso suficiente à educação para qualificar-se para esses tipos de empregos burocráticos. O segundo, porque esses empregos implicam relações públicas ou relação com o público. Por exemplo, comércio de mercadorias. Nesse contexto, o critério racial se faz mais seletivo, mantendo a mulher negra nos empregos tradicionais, ou então trabalhando como operária industrial.

Através da análise da situação da mulher negra no mercado de trabalho, vimos como esse elemento se acha na mais baixa posição dentro da hierarquia social. No entanto, não é somente pelo reflexo no mercado de trabalho que se pode avaliar a situação de subordinação em que a mulher negra se encontra. O fato mesmo de ser mulher atrai para ela um tipo de dominação sexual por parte do homem, dominação que se origina nos primórdios da colonização.

A exploração sexual de que a mulher negra foi vítima por parte dos senhores, determinada principalmente pela moral cristã portuguesa, que atribuía à mulher branca das classes mais altas o papel de esposa ou de "solteirona", dependente economicamente do homem e limitada — quando esposa — ao papel de procriadora — ou seja, sua vida sexual restringia-se à posterior maternidade —, fez com que a liberação da função sexual masculina recaísse sobre a mulher negra ou mestiça.

Por seu lado, os mecanismos ideológicos se encarregaram de perpetuar a legitimação dessa exploração sexual através do tempo. Com representações baseadas em estereótipos de que sua capacidade sexual sobrepuja a das demais mulheres, de que sua cor funciona como atrativo erótico, enfim, de que o fato de pertencer às classes pobres e a uma raça "primitiva" a faz mais desreprimida sexualmente, facilita-se a tarefa do homem de exercer sua dominação livre de qualquer censura, pois a moral dominante não se preocupa em estabelecer regras para aqueles carentes de poder econômico.

4. Nossa democracia racial*

CERTA VEZ, EM SALVADOR, eu conversava com um jovem chefe de família que tentava convencer-me de como a Bahia era o maior centro de tolerância racial do mundo. Ao justificar tal pretensão para o seu estado, mostrou-se um adepto apaixonado da miscigenação e recorreu ao seu exemplo. Mostrou-me os dois filhos pequenos, ambos mulatos, mas com diferenças de tonalidade de pele, e disse: "Está vendo? Este aqui saiu quase como eu (referindo-se ao menino mais escuro), mas este já *saiu melhor*; quase louro". Dizendo isso, enquanto eu e o primeiro menino olhávamos atônitos para ele, concluiu: "Desse jeito o negro vai desaparecendo e não teremos conflito racial como nos Estados Unidos".

Talvez estejam nesse último ponto os mal-entendidos quanto à tolerância racial brasileira, e isso não parte somente de homens comuns como meu interlocutor baiano. Constitui uma crença nacional que, por não terem existido recen-

---

* Este artigo, publicado na revista *IstoÉ* no mês de novembro de 1977, indica parte da abertura da mídia impressa para as questões negras e raciais. Compõe um caderno de onze páginas que trata do tema *O negro no Brasil*, sob o comando de Sérgio Augusto. Inclui o comunicólogo Muniz Sodré, o sociólogo e cientista político Bolívar Lamounier e o também cientista político Lúcio Kowarick. Cabe ressaltar a escrita um tanto coloquial da autora, adequada a um público amplo. (N. O.)

temente, na nossa experiência social, os fatos de racismo virulento típicos da sociedade norte-americana, nós somos os destinatários de um sistema racial digno de causar inveja às nações mais civilizadas do mundo. Mas o que dizer de uma aspiração tão estranha como essa do jovem pai baiano, cujo objetivo final seria o desaparecimento físico de um grupo, este mesmo em relação ao qual se credita total tolerância no Brasil? A recente bibliografia sobre relações raciais no Brasil, basicamente a estrangeira, está permeada de exemplos como o que acabo de citar, exemplos nos quais se demonstra que a negação do preconceito racial, antes de constituir a reflexão consciente de nossa situação, traduz uma certa urgência de aliviar os possíveis conflitos decorrentes do confronto de poder entre as etnias que formam nossa sociedade. Tal receio criou, no dizer de um jovem sociólogo do Rio de Janeiro, uma autoimagem do sistema de relações raciais brasileiro como uma "democracia racial".

O inferno

Não foi resultado do raciocínio simples do homem comum a emergência do ideal de "democracia racial" entre nós, nem o surgimento, entre outras soluções para o possível conflito, da miscigenação em massa. Sua origem pode remontar aos primeiros séculos da colonização; Antonil, nosso primeiro ideólogo, já dizia algo que ficou como máxima entre nós: "O Brasil é o inferno dos negros, o purgatório dos brancos e o paraíso dos mulatos".[1] E a partir dele, desde o marquês de Pombal (que em carta régia aconselhava os portugueses a se cruzarem com os nativos e as mulatas para aumentar o povoamento do Brasil) até o nosso baiano, pensa-se transformar o Brasil num "paraíso" no qual o mais cômodo é o desaparecimento total dos que vivem no "inferno". Tal raciocínio é o ponto crucial de uma ideologia nacional responsável pelo espaço social degradante em que se encontra a massa de negros no Brasil.

Grande ideólogo, a quem se atribuiu o termo "democracia racial", Gilberto Freyre,[2] em recentes pronunciamentos, vangloriava-se de que o Brasil fica cada vez mais moreninho.* Cabe a ele não só obra pioneira desse tipo de ideologia como grande parte da crença na tolerância racial brasileira. Sua obra influencia sobremodo estudos científicos, notadamente de cientistas estrangeiros, como Frank Tannenbaum,[3] que garante, baseado em Freyre, que no período da escravidão no Brasil os senhores reconheciam a "pessoa moral" do escravo; ou seja, o Brasil, diferentemente dos Estados Unidos, possui uma tradição de valorização da humanidade do negro. O ponto alto desse comportamento seria o respeito aos direitos civis dos negros após a abolição, o que não sucedeu com os negros norte-americanos.

Acontece que, após a abolição da escravatura, nós não temos um negro no centro de decisões do país, quando, às vésperas daquele evento, tínhamos pelo menos três negros de grande poder nas duas casas do Congresso, enquanto nos Estados Uni-

---

* Gilberto Freyre usa o termo "moreno" em diversas obras e matérias jornalísticas, como é o caso do depoimento a Gervásio Campos Gomes: "O brasileiro típico — crescentemente moreno em vários graus de morenidade, mas não todo ele moreno — não se identifica, nem se apresenta, como descendente ou como componente desta ou daquela etnia dentre as que vêm formando a sociedade ou a população brasileira" (*Jornal do Brasil*, 15 maio 1977, Caderno Especial, p. 2). (N. O.)

dos deu-se o inverso — hoje há cada vez mais negros atuando nos diversos setores da sociedade. A que se atribui essa defasagem? Seria pertinente perguntarmos qual a cotação do reconhecimento da nossa pessoa moral entre a atual sociedade brasileira? Creio que sim, pois a atitude de complacência, quando não de aversão, em relação à nossa participação no seio da comunidade nacional (condições visíveis na obra de Gilberto Freyre e na ideologia de democracia racial) nos remete ao passado, em que à nódoa da escravidão se vinculou o nosso destino de grupo, como uma nódoa nacional.

Após a abolição da escravatura, fomos integrados ao todo nacional, mas, sem dúvida, com a esperança simplória de, através do filtro das relações de casamento ou concubinato, irmos "melhorando a raça" até o ponto de a nação ficar cada vez mais moreninha e, com o auxílio da imigração europeia, cada vez mais branca.

Ceticismo

Mas é como conflito não manifesto que atualmente se encaram o preconceito e a discriminação racial no Brasil. Não dispomos de meios eficazes para ao menos reagir contra o preconceito de cor, muito menos para irmos de encontro à discriminação gritante nos terrenos da educação e do mercado de trabalho, perpetuando-se, enquanto isso, opções do tipo jogador de futebol e sambista para aqueles que lutam por uma ascensão social.

Mediante mecanismos seletivos, a sociedade brasileira reduz o espaço dedicado ao negro dentro da escala social. Uma vez que esse espaço se apresenta como parte incorporada à cultura dos negros, nada mais cômodo do que unir o útil ao agradável. Quando se questionar a ausência do negro em posições de relevo social, basta mencionar Pelé ou algum dos poucos sambistas atualmente em boas condições financeiras. Quanto à grande maioria marginalizada, o mais fácil será recorrer à explicação econômica ou de classe, não esquecendo a herança escravagista, que, segundo alguns eminentes teóricos, faz do negro um ser ainda não preparado para integrar uma sociedade competitiva.

Entretanto, nós, os negros, vamos acompanhando esse poço de contradições e esse emaranhado de sutilezas com uma visão bastante cética. Lá se vão noventa anos de abolição da escravatura, e não consta que os imigrantes que vieram nos substituir na lavoura cafeeira estivessem mais aptos a entrar numa sociedade capitalista (que ainda não se tinha formado por volta de 1930) do que nós. Por meio de que milagre sua situação social ficou melhor que a nossa? Se somos parte integrante de uma democracia racial, por que nossas oportunidades sociais são mínimas em comparação com os brancos? A resposta nos parece clara, embora discorrer sobre os fatores que nos levaram a isso constitua ainda hoje um tabu, e (o mais sério) esbarramos com um total despreparo para enfrentar os problemas advindos da prática da discriminação. Despreparo cuja origem está principalmente na falta de oportunidades no terreno da educação, o que reduz nossa capacidade de organização em torno do objetivo comum. Essa impotência parece legitimar a crença num sistema de relações raciais pacífico, reforçando a ideologia de "democracia racial".

Entretanto, não vemos tudo perdido, pois a duras penas já possuímos consciência, principalmente entre as novas gerações dos principais centros urbanos, de que as soluções apressadas e simplórias, como a da maior miscigenação, não são verdadeiras. É necessário muito mais que isso. Marvin Harris, em seu trabalho *Padrões raciais nas Américas*, diz uma frase esclarecedora: "Já é tempo de as pessoas adultas deixarem de pensar em relações raciais de acordo com a cama".[4] E demonstra estatisticamente como Estados Unidos e África do Sul possuem tão ou maior contingente de mestiços do que o Brasil.

É certo que não podemos colocar no mesmo plano a sociedade brasileira e a sul-africana. Realmente não tivemos a experiência do gueto e dos linchamentos, mas nem por isso nossa situação é ideal. Desse modo, cabe lembrar às consciências de brancos e negros no Brasil uma frase que só o gênio de Lévi-Strauss poderia produzir: "A tolerância não é uma posição contemplativa dispensando indulgências ao que foi e ao que é, é uma atitude dinâmica, que consiste em prever, em compreender e em promover o que quer ser".[5] Portanto, resta começar a tolerar.

PARTE II

Escravismo, fugas e quilombos

5. Escravos a serviço do progresso*

> Mesmo sem a expansão do café no mercado internacional, na segunda metade do século passado, a escravidão sobreviveu mais tempo no Brasil do que no resto da América Latina. O país não sabia como viver sem mão de obra não remunerada.
>
> ROBERT CONRAD, *Os últimos anos da escravatura no Brasil*

O SISTEMA ESCRAVISTA QUE EMERGIU no início da expansão da economia europeia é, pelas suas contradições, um dos pontos cruciais da história universal. Ao mesmo tempo que se opõe a um sistema econômico de tipo moderno, ele é sua própria razão de existência. O sistema escravista oferece implicações singulares ao implantar-se no Novo Mundo: utiliza-se arbitrariamente do trabalho e da persona de milhões de homens de dois continentes, exatamente num momento em que aparecem os ideais embrionários de igualdade, liberdade e universalidade entre os habitantes da Europa Ocidental.

Nada mais coerente, portanto, que o debate e as controvérsias sobre esse sistema de produção cresçam dia a dia

---

* Resenha do livro *Os últimos anos da escravatura no Brasil* (Rio de Janeiro: Civilização Brasileira, 1975), do historiador estadunidense Robert Conrad, publicada no jornal *Opinião*, em 1975. (N. O.)

entre os cientistas sociais. O que se pode avaliar, então, de uma obra historiográfica que, apoiada em farta documentação bibliográfica e arquivística, procura armar a síntese de um período de três décadas que antecede a abolição da escravidão no Brasil?

Posição paradoxal

Robert Conrad é um historiador norte-americano da turma dos brasilianistas, o que supõe uma posição paradoxal. Ao mesmo tempo que, com métodos de investigação os mais modernos, se debruça sobre uma realidade estranha, numa proximidade extrema dos eventos históricos, ele promove uma revisão crítica desses mesmos fatos conforme são relatados pela maior parte da historiografia brasileira.* Em sua obra, de acordo com as discussões teóricas desenvolvidas recentemente nos Estados Unidos, mostra documentalmente como a escravidão foi um sistema integrador e onipresente em todos os seus séculos de existência, e como o Brasil constitui um dos polos mais característicos desse sistema.

---

* José Honório Rodrigues fez uma resenha da versão em inglês do livro de Conrad, publicada na *Revista de História* (v. 48, n. 98, 15 jun.), em 1974, da qual um trecho merece citação para se compreender a perspectiva de Beatriz Nascimento: "Historiadores e antropólogos de cor têm estudado a instituição post mortem, sem os testemunhos ou os documentos dos próprios escravos e com pouquíssimos elementos dos libertos, cuja consciência esclarecida os levaria à luta" (p. 572). Conrad, em nota explicativa no livro, ao dizer que se interessa de longa data por Brasil, México e Colômbia, acrescenta: "Também me tenho preocupado com os negros norte-americanos quanto às populações 'não brancas' da América Latina". (N. O.)

Essa onipresença ele ilustra, por um lado, pela constatação das posições extremas que ocupam, na década de 1870, o município neutro (Rio de Janeiro), com seus 48 939 trabalhadores escravos, e o município de Vila Verde, no interior baiano, que possui três escravos negros. Entre esses dois polos, todos os outros 641 municípios do Império brasileiro se utilizam da mão de obra da população de raça negra escravizada. Por outro lado, a onipresença não se limita somente à relação senhor/escravo, mas se encontra, também, nos mais variados interstícios de toda a hierarquia e das relações sociais.

Examinando a situação da escravidão na segunda metade do século XIX à luz desses dados, Conrad chega à conclusão de que, embora os plantadores de café, do Vale do Paraíba e de São Paulo, estivessem bastante interessados na preservação da escravidão, ela sobreviveria por mais tempo no Brasil que no resto da América Latina *mesmo* sem a expansão do café, tal a sua importância econômica e social para a totalidade da nação.

Escravidão e política

Desse modo, não soa estranho que o processo iniciado com a supressão do tráfico de africanos e culminando com o abolicionismo estivesse integrado ao processo político. Motivações mais profundas e historicamente mais complexas que a alta do café estão na raiz da continuidade do escravismo no Brasil no século XIX. Isso é demonstrado pelo autor ao descrever a própria surpresa dos proprietários de escravos de São Paulo, às vésperas da abolição, quando perceberam que podiam explorar outras pessoas que não as de cor negra. Até então a crença era de que:

"Ao contrário dos europeus, estes povos escuros com suas religiões e costumes 'bárbaros', podiam ser escravizados sem afetar proibitivamente a moralidade e a tradição europeias".[1]

Além disso, a abolição do tráfico de africanos e a crise de mão de obra que ela acarreta mostram um Brasil em que a população escrava declina, pelas desumanidades e a consequente mortandade, e que não pode, por isso, sobreviver economicamente sem seu suprimento africano. Os anos que antecedem a abolição no Brasil são estudados pelo autor de uma maneira equilibrada. Os fatores econômicos, as implicações sociais e ideológicas e o processo político e jurídico são trabalhados, se não de forma equivalente, pelo menos guardando entre si proporções bem delineadas em função de uma síntese quase perfeita.

Conrad, a partir daí, traça um quadro em que as instâncias jurídicas são perigosamente desmoralizadas. Os congressistas e o imperador, compromissados com a permanência das arbitrariedades contra milhões de brasileiros, são incapazes de controlar as crises que se sucedem devido às pressões externas e à dinâmica interna. O contrabando, o endividamento, as leis burladas, as querelas no Parlamento e, mais importante, o inconformismo dos povos negros, que se maximiza à medida que os acontecimentos caminham para um final dramático, sustado afinal pela abolição e introdução do trabalho assalariado.

Em crise

No capítulo sobre a Lei Rio Branco — conhecida como do Ventre Livre — é demonstrada uma das características mais fundamentais do comportamento ideológico dos políticos brasileiros, aquilo que José Honório Rodrigues tão bem define como o caráter conciliador e reformista dos nossos homens de Estado, notadamente os do período imperial. Essa lei — aparentemente tentando resolver o drama que Nabuco genialmente denuncia: "Antes de nascer, o escravo sofre na mãe" — nada mais fez do que perpetuar a exploração de mais uma geração. Utilizando ilegalmente o trabalho dos ingênuos (filhos de mãe escrava crioula ou africana, libertos pela lei de 1871), os senhores de escravos podiam tranquilamente alterar (como o fizeram) a data de nascimento da criança no registro de escravos. Mas se o poder dos senhores não diminuiu, pelo menos a Lei Rio Branco suscitou o debate abolicionista no nível nacional, e "lança região contra região".

O Nordeste, já praticamente liberado da força de trabalho escrava, pelo tráfico interno entre as províncias, mantém-se em oposição às províncias cafeeiras do Sudeste, relutantes em se desfazer da tão fundamental mão de obra. Embora exagere um pouco quanto à lucidez humanitária dos representantes das províncias nordestinas em contraposição aos das cafeeiras, Conrad consegue equilibrar o assunto sem cair em pieguismos inúteis e falácias impregnadas de sentimento de culpa, uma das características mais diferenciais entre brasilianistas e brasileiros quando tratam desse assunto, e um dos pontos altos desse livro.

Talvez seja por isso que Conrad, ao aceitar a tão bem lembrada crítica de José Honório Rodrigues à edição em língua inglesa, tenha enxertado prontamente na tradução em português um subcapítulo sobre a resistência do escravo. Os rebeldes e fugitivos, como de maneira geral toda a classe escrava, são tratados pelo autor com a dimensão de homens que, embora vítimas de uma adversidade, não se conformam com ela e buscam várias formas de atingir a liberdade: desde a manumissão até a fuga, tentaram criar algumas alternativas de organização social, como os quilombos. Ao analisar tal fato, Conrad, que no início do livro denomina o escravo de trabalhador dócil, é obrigado a se contradizer catorze páginas adiante, chegando à conclusão de que a docilidade não é uma característica inerente ao homem escravizado, pois se assim o fosse o Brasil não seria o primeiro país em revoltas de escravos durante toda a história do sistema.

Mudanças de destino

Com essa constatação, Conrad chega à conclusão — a que já chegaram outros historiadores e cientistas sociais — de que a decantada tolerância e o abrandamento da mentalidade senhorial ibérica não passam do resultado da ambiguidade muito aguda que existe entre senhor e escravo. E essa ambiguidade no Brasil predominou pelo lado inconformista quanto ao homem de cor. Ele vai procurar sempre a mudança, vitoriosa ou não, do seu destino.

De especial interesse são as discussões e a atuação dos líderes abolicionistas negros, mestiços ou brancos. André Rebouças, Luiz Gama, Patrocínio e Nabuco e suas influências sobre a massa escrava do Nordeste, mas sobretudo da região do café. Mais uma vez o autor não trata os negros como negros e os escravos como uma categoria social ou bloco monolítico, mas sim como homens que, mesmo sem o poder, agem como sabem e podem, participando de vários modos da mudança política e para a melhoria das suas condições de vida.

O abandono das fazendas, que foi a forma disseminada entre aqueles diretamente envolvidos no sistema escravista, é tido pelo autor como o fator mais importante para a abolição. A fuga às vésperas de 1888, mais do que a chegada dos italianos e o estabelecimento de um sistema de mão de obra livre, concorreu para o emancipacionismo a que os fazendeiros paulistas aderiram de última hora. Por eles a escravidão continuaria e poderia evoluir para um final drástico que, felizmente para eles, não aconteceu. Citando nota do *Jornal do Commercio* da época, diz Conrad:

> Em meados de 1877, quando os escravos fugitivos desciam das terras altas da província de São Paulo para procurarem refúgio na cidade-favela de Jabaquara, junto a Santos, os imigrantes italianos estavam partindo de sua moderna hospedaria para fixarem residência nas fazendas abandonadas recentemente pelos fugitivos negros.[2]

Completo e caro

Se o trabalho de Conrad apresenta um equilíbrio no nível do conteúdo, melhor ainda se apresenta na forma, e, com exceção da fragilidade da capa, sua edição é cuidadosa, ilustrada, com o acréscimo de tabelas e apêndices, das letras das leis, o que o torna um livro completo e caro, como a tempo refere-se a editora na quarta capa, lembrando que obras desse vulto só podem ser realizadas aqui no Brasil em coedição com o Instituto Nacional do Livro.* E ainda bem! Porque é bom que se possa chamar a atenção, através de um trabalho idôneo, para o fato de que, "[passados] mais de cem anos desde a libertação dos recém-nascidos, milhões de seus descendentes ainda lhe veem negada a igualdade de oportunidades imaginada para eles pelos líderes abolicionistas".[3]

---

* Beatriz Nascimento se refere a um recorte da gravura "Mercado de fumo", de Jean-Baptiste Debret, de 1835, que mostra alguns escravizados acorrentados, provavelmente fazendo as compras de um homem branco. (N. O.)

6. A incensada princesa[*]

O AUTOR DIZ SER JORNALISTA POLÍTICO, contrapondo-se aos "historiadores de gabinete". E se orgulha de ter recorrido somente a pesquisas diretas na fonte, alardeando o fato de pouco aproveitar o que já havia sido publicado no Brasil sobre a escravidão. Com isso quer fazer crer que sua obra é algo de novo e fundamental para que se conheça o assunto.

Brasil Gerson comenta que as pessoas pensam que a abolição foi ato de uma "mulher de coração generoso" que, travessamente, na ausência de seu velho pai, libertou os negros de sua condição servil.[1] Dessa maneira, os estudantes e estudiosos ficam com a impressão de que os estadistas do Império não tiveram a coragem de enfrentar o problema político que culminou com a assinatura da Lei Áurea.

É esse equívoco que ele pensa que pode resolver.

---

[*] Resenha do livro *A escravidão no Império*, de Brasil Gerson, nome público de Brasil Görresen, catarinense radicado no Rio de Janeiro, jornalista e dramaturgo que adentrou a pesquisa histórica. O livro é baseado em atas parlamentares e jornais. Cabe notar que Beatriz Nascimento cobra a completude de referências e a fonte de citações, algo que não estava ainda padronizado na época. A resenha foi publicada no jornal *Opinião*, em 1975. (N. O.)

Linguagem falsa

Preocupado com a coragem dos estadistas do Império, Gerson cita do princípio ao fim as falas desses homens na tribuna. Tentando solucionar um equívoco, incorre em outro ainda maior. À presunção de originalidade por não recorrer a uma bibliografia mais extensa, especializada e crítica (existente no Brasil e no exterior, e que não é obra de historiadores de gabinete), somou-se uma linguagem dita jornalística, mas que termina sendo retórica e espetacular, aliada a uma forçada descontração, a uma erudição duvidosa e a erros primários de regras bibliográficas (ausência das referências às editoras pelas quais foram publicados os poucos livros relacionados, data de publicação etc.), ausência de qualquer nota esclarecedora de referências a trechos entre aspas encontrados no texto.[2]

Linha confusa

Envolvido pela confusa linha partidária daqueles parlamentares, o autor se identifica no texto com o discurso político, ora liberal, ora conservador, e não consegue extrair do tema o que ele significa estruturalmente no nível da sociedade brasileira da época. Parece não estar familiarizado com o funcionamento, naquele momento, dos fatores econômicos, políticos e ideológicos que movem os acontecimentos de maneira tão especial, como também não sabe se controlar diante da anglofilia. Com isso, ele interpreta mal o papel da Inglaterra e as pressões que esta promove para a cessação do tráfico e para outras implicações no processo político abolicionista.

Homem cordial?

Quanto à interpretação social que o autor faz a concessão de esboçar, ela não passa da surrada apologia da ideologia dominante do "homem cordial" bem ao estilo jorgeamadiano: o senhor de escravos ibérico em terras do Brasil, descaracterizado do seu papel político e social dominante, assemelha-se a um apreciador de amenidades tropicais e dos prazeres ditosos do belo sexo, desde que este esteja representado por escravas negras e formosas.

Num rápido confronto com seu correspondente norte-americano, exalta-se a sua complacência e o seu amor por seus escravos, mais precisamente escravas, das quais concebiam filhos não só pelo prazer de desfrutar a carne tenra e escura de jovens africanas e crioulas, como também para, numa etapa posterior, consequentemente lógica para o autor, utilizá-los como braço escravo. Estranha combinação esta de prazer e exploração!

O que resta de aproveitável nesse livro de duvidosa importância como empreendimento editorial é uma exposição dos trâmites legislativos da abolição no parlamento, retirada das principais fontes encontradas facilmente nos principais arquivos públicos do Brasil. Um exemplo infeliz de como não se deve escrever história do Brasil, ainda mais quando se trata de um assunto tão importante e complexo, indubitavelmente o de maior contribuição à formação do nosso povo e da nossa nacionalidade.

7. Conselhos ao príncipe*

A PARTIR DO SÉCULO XIX, a orientação dos estudos históricos tendeu para a história social, e dentro dessa orientação os historiadores se preocuparam cada vez mais com os processos de mudança política e social (revoluções, grandes guerras etc.). Isso se deve principalmente ao processo de dominação do mundo, encetado pela Europa, que universalizou em termos de compreensão todas as experiências humanas. O resultado foi o advento de grande número de especializações, das quais as mais importantes vieram a ser a sociologia, a antropologia e a ciência política.

Por outro lado, a história individual era totalmente negligenciada, ficando seu levantamento e divulgação a cargo da literatura. Também a arquivologia, tão valorizada nos princípios dos tempos históricos, e que dava um papel destacado às crônicas de vida das elites políticas, entrou num marasmo, e só começa a ser tomada em consideração após a segunda metade do século xx.

A série Testemunhas da História, organizada por professores da Universidade de São Paulo, surge como uma inicia-

---

* Resenha do livro Testamento político de d. Luís da Cunha (1748), agente de larga ação no mundo colonial. No espaço diminuto da resenha, publicada no Jornal do Brasil em 1976, vale notar os vários temas ligados ao fazer histórico acerca dos quais a autora discorre, vislumbrando inclusive o potencial didático da obra. (N. O.)

tiva muito auspiciosa ao publicar textos de testemunhos de homens públicos do passado histórico brasileiro. Queremos, no entanto, chamar a atenção para o fato de que esse tipo de divulgação vem sendo feito há algum tempo pelo Arquivo Nacional, trabalho que embora restrito atende a um número considerável de historiadores, professores de história e alunos de história no Rio de Janeiro e outros estados. Mas só agora a iniciativa não oficial se interessa por esse tipo de publicação, o que é digno de louvor.

A presente publicação trata de d. Luís da Cunha,[1] que inicia sua carreira na magistratura como desembargador da Relação do Porto, em 1685, e da Casa de Suplicação em 1688. No início do século XVIII, ele ocupa funções de enviado extraordinário a Londres para as negociações decorrentes do envolvimento de Portugal na questão da sucessão espanhola.

Durante o mesmo século, as ideias de Maquiavel, sintetizadas em O Príncipe, estão em voga por toda a Europa e são um instrumento teórico para a política dos grandes Estados. D. Luís da Cunha, tendo em mente o papel desempenhado pelo pensador político italiano, atribui-se a tarefa de deixar um testemunho de seu aconselhamento ao então príncipe do Brasil, d. José, herdeiro do trono português, no sentido de que aceitasse ideias reformadoras consentâneas com o momento político de Portugal. Uma de suas melhores sugestões é a da escolha, para ministro, do eminente Sebastião José de Carvalho e Melo, o grande estadista marquês de Pombal, que assumiu uma singular posição em Portugal e ficou conhecido como o introdutor do despotismo esclarecido na Península Ibérica.

No seu testamento político, d. Luís da Cunha aconselha o príncipe quanto à observância de uma política absolutista equilibrada, que pudesse ao mesmo tempo diminuir o envolvimento da Igreja, do Santo Ofício e dos jesuítas na administração; controlar juridicamente a questão do judaísmo e a manutenção, através de uma política atenta, dos cristãos novos em Portugal, o que era importante para o desenvolvimento econômico do reino; frear a intervenção da Inglaterra nos negócios portugueses; dosar a política externa em relação à mesma Inglaterra, à Holanda e à França; atender às necessidades da colônia sul-americana; e por fim conduzir-se pessoalmente bem em relação aos preceitos morais que o fortaleceriam.

O *Testamento político de d. Luís da Cunha* é uma pequena obra de grande interesse para os estudos históricos no Brasil, pois dá a dimensão exata da história daquele período. O seu estudo se torna mais enriquecedor na medida em que se trata de um homem que viveu sua época de forma extremamente atuante e crítica. Portanto, é bom que seu depoimento esteja à mão de professores e alunos de história do Brasil.

8. Conceitos ultrapassados*

À PRIMEIRA VISTA, a publicação de obras que enfoquem questões referentes às relações raciais no Brasil é uma iniciativa editorial que, no mínimo, deve ser saudada com entusiasmo. Pela delicadeza e importância do tema, no entanto, o melhor é que o fato seja encarado com espírito agudamente crítico.

No que tange às reedições de livros sobre a escravidão e o negro no Brasil, é de estranhar a falta de cuidado na escolha dos títulos, tendo em vista o que eles podem oferecer de relevante para o conhecimento do assunto. E se tais obras são recentes e os autores ainda estão vivos, por que lançá-las no mercado sem antes submetê-las a uma revisão de conceitos, procurando adaptá-las às novas correntes de pensamento e tendências interpretativas sobre a história real do negro em nosso país? Não se trata de uma exigência gratuita, porquanto se sabe que o tema, ultimamente, vem sendo fartamente discutido em livros, revistas acadêmicas e periódicos não acadêmicos nos Estados Unidos, na Inglaterra e mesmo no Brasil.

---

* Resenha do livro de Luiz Luna, *O negro na luta contra a escravidão* (1976), publicado inicialmente em 1968. Em seu texto para o *Jornal do Brasil*, em 1977, a autora inicia relacionando o título do livro ao quadro sociopolítico e também comenta o fato de ser uma reedição sem revisão e atualização, considerando outras perspectivas históricas. (N. O.)

Estas considerações vêm a propósito de recente reedição de *O negro na luta contra a escravidão*, de Luiz Luna.[1] O livro reaparece sem tomar conhecimento da existência, na bibliografia nacional e internacional, de algumas teses de mestrado que levam a uma ultrapassagem dos conceitos estabelecidos pelo autor na edição inicial. A questão das relações raciais nos países multirraciais é um problema que aflige milhões de seres humanos. Daí por que reedições de obras como esta, sem elementos que a atualizem, podem até ser um desperdício intelectual.

O mais grave é que tal descuido editorial repousa em acomodações ideológicas de grande significação. No fundo, ainda se negligencia a importância dos novos conceitos para a consciência histórica do negro brasileiro. Ignora-se, assim, que um número cada vez mais representativo de descendentes de africanos no Brasil já adquiriu uma concepção do que tenha sido a sua história (que não se resume à crônica do sistema escravagista aqui implantado entre os séculos XVI e XIX) e pensa com clareza acerca dos mal-entendidos arraigados na bibliografia tradicional sobre a sua própria trajetória.

Luiz Luna é um autor que merece respeito. E é compreensível que, nas condições em que escreveu o seu livro — há quase dez anos, dispondo então de uma parca bibliografia —, pouco mais pudesse fazer do que expressar a sua indignação contra o sistema escravagista, através de uma metodologia descritiva. Mas nem a respeitabilidade do autor nem as deficiências do material com que trabalhou devem desculpar o silêncio sobre alguns graves erros que comete, em consequência dos quais decresce o valor de seu livro para o conhecimento da história brasileira.

Um dos aspectos positivos da obra de Luiz Luna é a sua denúncia do esforço feito por vários historiadores no sentido de mostrar a escravidão no Brasil sob "um aspecto de suavidade […], o que realmente não aconteceu". Em compensação, quantos enganos ao comparar os problemas enfrentados por índios e negros. Ele diz, por exemplo, que os índios lutaram contra o cativeiro "até a dizimação das tribos". O que pode ter sido verdade somente em casos particulares, pois até hoje há numerosas tribos de índios vivendo em seus moldes tradicionais.

Luna explica a escravidão do africano segundo o velho mecanismo ideológico, o índio:

> Pela natureza de temperamento e costumes, habituado à liberdade de vida nômade das florestas e das praias livres, nunca constituiu o tipo ideal do trabalhador que as necessidades da colônia exigiam […], então os traficantes de escravos voltaram as vistas para o continente africano, onde há muito portugueses e espanhóis se abasteciam de escravos.[2]

E adiante: que os portugueses davam preferência aos naturais de Angola. Consideravam-nos mais aptos e dispostos aos duros trabalhos que a produção da nova terra exigia.[3] Ora, isso é o que se chama esquematismo. De um lado, um grupo de pobres nativos, todos iguais entre si, tão livres e frágeis que não suportavam o trabalho. Do outro, um bloco de africanos, todos também iguais e chamados indistintamente de negros, mais aptos ao trabalho porque eram mais desenvolvidos culturalmente do que os brasileiros. Mas sabe-se, por fontes documentais, bibliográficas e por outras vias, que entre os citados angolas também havia povos nômades, pastores, caçadores e guerreiros que viviam em praias livres da costa ocidental africana.

Luiz Luna, entretanto, dá a entender que os nômades africanos per se eram aptos ao sedentarismo violento da escravidão. Por quê? Porque os portugueses os consideravam mais aptos e dispostos, e pronto. Seriam os portugueses daquela época especialistas em mão de obra? Ou não estará mais próximo da verdade concluir que os portugueses "preferiam" os angolas simplesmente porque os entrepostos da costa ocidental da África — notadamente os da região hoje chamada Angola — estavam sob o seu controle no nível da ocupação e do mercado?

Em outra passagem o autor procura descrever as "nações" de onde se originavam os contingentes de escravos. Confunde, como sempre ocorreu na bibliografia tradicional, nação de origem com porto de embarque. Enumera, entre outras, as "nações" mina, benguela, cassanje, cabinda e bunda. Em 1933, Renato Mendonça esclarecia em *A influência africana no português do Brasil*: "Benguela — nome de um povo negro embarcado em Benguela".[4] Assim como benguela, as demais "nações" são portos onde se embarcavam negros provindos de um território que ia das cabeceiras do rio Senegal até a bacia do rio Congo. Com exceção dos de Guiné (que, segundo Maurício Goulart, era como os portugueses denominavam toda a costa ocidental africana, passando portanto a ser sinônimo de africanos), esses grupos são de origem linguística banto.

No tocante à última das "nações" citadas, Luna parece ter ignorado completamente a lição de Mendonça, pois este esclarece: "Bunda — do quimbundo, *mbunda*, nádegas, que etimologicamente sofreu um processo de desanalação [ou desanalização] do grupo consonântico inicial" em contato com a escrita portuguesa.[5] A língua quimbundo, pertencente ao grupo linguístico banto, era falada pelo povo mbundu, parte

Conceitos ultrapassados

do qual vivia sob a dinastia de Ngola, que se encontrava no poder em uma área entre o rio Cuanza e o rio Congo no momento em que os portugueses entraram em relações com os Estados da costa ocidental da África a fim de iniciar o tráfico de escravos para as regiões recém-descobertas do Novo Mundo. O citado povo é aquele que forma inicialmente o Quilombo dos Palmares.

Apesar de tudo isso ser sabido há tantos anos, Luna dá uma explicação no mínimo inocentemente pitoresca para o ingresso da palavra no vocabulário popular com significado "pouco elegante".

Mas não insistamos no papel de advogado do diabo. Luiz Luna, ressalte-se mais uma vez, traz uma boa contribuição ao descrever, muitas vezes com minúcias, o processo escravagista e as revoltas dos negros. Mas a reedição de sua obra, sem uma conveniente revisão e atualização, corre o risco de servir principalmente para a cristalização de mal-entendidos que dificultam a formação de uma consciência livre de elementos racistas entre as gerações atuais de brasileiros.

9. Escravidão*

NA EDIÇÃO DE 5 DE ABRIL DE 1977 do caderno Livro, o sr. Mario A. G. Silva assina uma carta contestando algumas afirmações contidas na resenha de minha autoria sobre *O negro na luta contra a escravidão*, de Luiz Luna. Movida menos por espírito de polêmica do que por zelo didático, respondo às críticas formuladas pelo leitor.

Iniciando o que chama de reparos aos apontamentos que fiz na resenha, o sr. Mario a princípio parece concordar que existissem povos nômades entre os angolanos, mas adiante contesta minha afirmação de que estes poderiam viver em praias livres tal qual os indígenas brasileiros; e dá como exemplo três grupos interioranos nômades, mas de tal maneira hostis à costa que nem comiam peixe. O fato de um grupo humano não comer peixe não é pressuposto de que não habite a costa. Por outro lado, não me referi a esses povos que, segundo o leitor, vivem hoje em Angola. Ao me referir a angolas nômades eu tinha em mente os povos que citei na resenha, ou seja, os Mbundu, que contavam entre si

---

* Apesar de termos à época pouca bibliografia circulando no país sobre as sociedades da área Congo-Angola dos séculos XVI e XVII, é relevante observar as afirmações de Beatriz Nascimento com base no historiador David Birmingham, antes de ela realizar pesquisa no continente africano. Artigo publicado no *Jornal do Brasil* em maio de 1977. (N. O.)

grupos sedentários e nômades ligados à economia pastoril e extrativa. Estes últimos, povos de grande valor guerreiro, foram justamente aqueles mais numerosos, que habitavam (não existem mais) o coração do mundo banto no século XVI.

Quando iniciaram a dominação, os portugueses dirigiram suas campanhas basicamente contra esses povos, então organizados em clãs autônomos. Pela tradição oral, Ngola, um caçador que veio do Leste, fixou-se sobre os povos da região e inaugurou o reino de Ndongo. A base econômica deste reino mbundu era a extração de sal na costa ocidental africana. Com a agressão portuguesa, aliada à do rei do Congo, que se inicia por volta de 1514, Ngola e grande parte do seu povo fugiram da costa abandonando as salinas, sua principal fonte de riqueza. Outros grupos mbundu, assim como outros povos nômades da região, são atraídos para a costa, à medida que os portugueses penetram em Angola, a fim de se dedicarem às atividades comerciais abertas pelos europeus.

Em outro reparo, o sr. Mario diz que Angola, "como era designada ontem, [...] de tudo quanto sei mantém o nome". Pergunto ao leitor: ontem quando? Para mostrar que sua afirmativa está errada, citarei David Birmingham em *The Portuguese Conquest of Angola*:

> Quando os portugueses chegaram a Angola, encontraram um pequeno reino mbundu em formação chamado Ndongo, cujo rei se chamava Ngola, nome de que os portugueses derivaram a designação de toda a região sul do Congo, ou seja, Angola. Mais recentemente o nome de Angola passou a servir para designar todos os territórios da África Ocidental portuguesa (hoje territó-

rio independente de Angola), incluindo o velho reino do Congo e a colônia de Benguela, ao sul.[1]

Portanto, procede a ressalva que fiz ao me referir a Angola como região "hoje chamada de".

Insisto em minha afirmação de que os portugueses "prefeririam" os angolas por dominarem a região, pois considero um conceito racista justificar a escravidão dos africanos alegando serem eles mais aptos ao cativeiro do que os brasileiros nativos. Qualquer homem é passível de cativeiro. O que ocorreu foi que a escravidão do africano se revestiu de um caráter duplamente lucrativo. No caso dos portugueses isso foi singular, porque eles foram os únicos europeus a ocuparem uma área africana naquela ocasião. Vejamos o que diz David Birmingham em outra passagem de sua obra:

> A principal exceção à regra geral segundo a qual os europeus não penetraram no interior e não tiveram papel direto e ativo nas rivalidades entre os reinos africanos foi a atividade dos portugueses em Angola. Embora tenham começado, como outros países europeus, por se limitar à compra de escravos fornecidos pelas guerras [...], os portugueses em Angola começaram a desencadear suas próprias campanhas.[2]

E adiante:

> O primeiro incentivo para os portugueses conquistarem uma colônia em Angola foi a esperança de adquirir terras propícias à fixação europeia, como as terras que estavam sendo ocupadas no Brasil [...]; mais tarde descobriram que a maior fonte de proveitos eram os escravos.[3]

Portanto, é tendencioso o conceito de que as terras do Brasil, por qualquer outro fator, "preferiam os angolas" para as cultivar. O leitor contra-argumenta em outra passagem que o fato de ser maior o número de traficados procedentes de Angola deve-se à sua proximidade da costa brasileira: "Moçambique, por exemplo, na costa oriental, e então sob o controle dos portugueses, ficaria mais distante e inacessível". Isso é uma simplificação. É preciso lembrar que de Moçambique, quando do domínio português, vieram para o Brasil grandes contingentes, principalmente para as Minas Gerais e algumas áreas do Nordeste. Se seu fluxo não foi tão grande quanto o de Angola, dá-se como justificativa o fato de o comércio da África Oriental e do Norte estar nas mãos dos árabes e dos turcos nos séculos XVI e XVII. Deve-se levar em conta também as diferenças da ocupação portuguesa entre Angola e Moçambique no nível histórico.

Para concluir, o leitor critica-me por discutir a falha em que incorre Luiz Luna — e não só ele, mas toda a historiografia tradicional — ao citar as nações de onde se originavam os escravos. De certo modo, generalizei o termo porto de embarque — talvez fosse melhor dizer centros de comércio escravista — ao me referir a Mina, Benguela etc. O leitor afirma o que eu já tinha feito, mas, com explicações enciclopédicas, fala dessas regiões. Minhas críticas são principalmente históricas, e, não fosse a exiguidade de espaço, eu justificaria de tal modo minhas críticas.

É um erro atribuir aos entrepostos comerciais daquela época a origem geográfica e histórica dos escravos vindos para o Brasil. Se tivéssemos que designar as nações diríamos acertadamente que os portugueses traficavam os Teke, os Kongo, os Hungo, os Mbundu, os Ovimbundo, os Holo etc. Ou seja, legiões de povos de língua banto. Todas as denominações expostas nos documentos e na precária historiografia de que dispomos se referem a zonas marítimas — ou não — nas quais se dava o tráfico de homens entre africanos e europeus.

10. Zumbi de *Ngola Djanga* ou de Angola Pequena ou do Quilombo dos Palmares*

A 20 DE NOVEMBRO DE 1695 ENCERRAVA-SE uma etapa importante da Guerra dos Palmares. Nessa data, era morto na serra dos Dois Irmãos, região elevada do atual estado de Alagoas, o governador das armas dos quilombos de Palmares.** Antônio Soares, mulato, ex-lugar-tenente de Zumbi, depois de aprisionado pelo paulista André Furtado de Mendonça, enterrou um punhal no estômago do seu antigo chefe. Mortalmente ferido, Zumbi continuou a enfrentar os adversários. Quando não pôde mais opor resistência, foi decapitado. Soares viveu tranquilo por muitos anos em Recife, só vindo a morrer em idade avançada. Enquanto isso, seus irmãos de raça continuaram o esforço incessante de manter ao longo da história do Brasil a tradição de Palmares: criar e organizar sociedades em que os negros pudessem se entender como pessoas. Criar quilombos.

---

* Este ensaio, publicado no *Jornal do Brasil* em 1976, vem a público próximo ao dia 20 de novembro, data da morte de Zumbi dos Palmares, proposta pelo movimento negro como Dia Nacional da Consciência Negra, o que mostra que a mídia, tanto a "hegemônica" quanto a alternativa, estava se abrindo para essa pauta. (N. O.)
** Edison Carneiro, em *O Quilombo dos Palmares*, registra também o termo "general das armas ". (N. O.)

Arthur Ramos, quando se refere aos quilombos, ressalta neles o espírito associativo do negro brasileiro.[1] Mas foi Edison Carneiro quem melhor caracterizou os quilombos. Via neles um acontecimento singular na vida nacional:

> Como forma de luta contra a escravidão, como estabelecimento humano, como organização social, como reafirmação dos valores das culturas africanas, sob todos esses aspectos, o quilombo revela-se um fato novo, único, peculiar — uma síntese dialética.[2]

De fato, o organizador de Palmares foi um herói nacional da maior importância. No século XVII, quando o Brasil atravessa um momento dramático de sua história, humilhado pela invasão holandesa, Zumbi defende em Palmares a união de homens livres, permitindo que a jovem nação, submetida ao poder colonial da coroa espanhola e internamente ao governo dos batavos, sobreviva nas serras férteis do Nordeste. O estabelecimento de *Ngola Djanga*, que os portugueses chamavam de Angola Pequena e hoje conhecemos como Quilombo dos Palmares, obedeceu à necessidade que os homens negros tinham de organizar-se num Brasil desintegrado pela dupla dominação que sofria.

Não há impertinência em afirmar que Palmares perpetuou a sua vocação através da história. A própria historiografia oficial e permitida mostra que, em todos os momentos de crise por que passou o Brasil, seu povo (constituído em sua maioria de pessoas "de cor") tem sustentado, de maneira direta ou indireta, a integridade nacional contra as tentativas de desagregação. Foi assim na Guerra Holandesa, a primeira ameaça séria por que passa a abandonada colônia de Portugal: Henrique

Dias, Poti e os palmarinos, cada um a seu modo, ajudaram a manter a integridade do Brasil. Assim foi também na consolidação da Independência: o negro investe sua pessoa, formando os quadros subalternos das forças armadas nas Guerras da Independência, através dos batalhões de Pretos Henriques, dos Pardos Livres e dos Libertos. Ele é também herói popular na Guerra do Paraguai, onde luta em troca de sua liberdade, muitas vezes não obtida. No processo de mudança do Estado monárquico para a República, a abolição do trabalho escravo possibilita a passagem pacífica para o novo regime.

Palmares foi uma ação militar de grande envergadura. Ao longo de sua existência teve dois chefes conhecidos. O primeiro, Ganga-Zumba, dirige a guerra desde o momento em que as autoridades coloniais iniciam a repressão aos quilombos no interior da capitania de Pernambuco. Em 18 de junho de 1678, o chefe militar de Palmares vai a Recife, acompanhado de uma embaixada constituída de pessoas de sua confiança, inclusive seus três filhos. A visita prende-se à necessidade que o governador da capitania tinha de obter uma trégua dos palmarinos no momento em que procura reorganizar a economia da colônia, desorganizada com a expulsão dos holandeses.

Palmares, considerado o inimigo de portas adentro pelas autoridades portuguesas, era totalmente autônomo da dominação colonial. Em Recife, o rei negro é recebido em palácio, acontecimento comemorado com missa de ação de graças, assistida pelos dois chefes de governo, Aires de Sousa, da capitania de Pernambuco, e Ganga-Zumba, do Estado de Palmares. Pouco antes, ao entrar na cidade, os palmarinos tinham provocado reação de "alvoroço e júbilo" da população, relata Décio Freitas:[3] "Entraram com seus arcos, flechas e lanças, cada um com arma de fogo, cobertas as partes naturais, uns com panos, outros com peles, uns com barbas trançadas, outros corridas, outros raspadas, corpulentos e valorosos todos".*

Diziam eles que queriam ter com os moradores comércio e trato, e que só pediam a liberdade para os nascidos em Palmares, desde que lhes fosse dado outro sítio onde pudessem viver sob a obediência ao rei de Portugal, mas livres.

Por que Ganga-Zumba concorda em fazer um trato com os governantes inimigos? Pela disposição geográfica de Palmares, seu quilombo é o mais avançado em relação à capital pernambucana, e por isso o mais fustigado pelas autoridades coloniais. Por outro lado, a comunidade de Palmares, constituída da geração mais nova, nascida nos quilombos, começava a questionar o poder dos chefes tradicionais, com certeza africanos ou crioulos mais velhos. Em Recife, Ganga-Zumba recebe de Aires de Sousa os termos verbais do acordo: 1) liberdade para os nascidos em Palmares; 2) concessão de terras para viverem e cultivarem; 3) garantias de comércio e relações com os moradores; 4) gozo de foro de vassalos da coroa.

Ganga-Zumba promete em troca conduzir ao domínio do poder colonial os outros negros que não concordassem com os termos de paz. Quatro meses depois (5 de novembro de 1678), a paz é assinada em nova solenidade em Recife. Retornando ao interior com seus familiares e súditos, Ganga-Zumba fixa-se no Quilombo de Cucaú, próximo de Sirinhaém, a nordeste de Palmares.

---

* O trecho citado por Décio Freitas é retirado da "Relação das guerras feitas aos Palmares de Pernambuco no tempo do governador d. Pedro de Almeida, de 1675 a 1678". (N. O.)

A atitude unilateral que constitui a paz de Ganga-Zumba provoca violenta reação da comunidade militar de Palmares. Numa atitude típica de quilombola, os oponentes do pacto admitem a paz em separado e esperam a saída pacífica dos contrarrevolucionários para ganhar tempo e refazer as forças. Nesse momento, Zumbi, nascido em Palmares, pai de três filhos, dito sobrinho do rei, ocupa Macacos, capital dos quilombos de Palmares, sem topar grande resistência. Aclamado governador das armas, instaura uma ditadura de tipo militar. A capitulação de Ganga-Zumba leva para Cucaú destacados chefes, inclusive o guerreiro Ganga-Zona, irmão do rei e também tio do Zumbi. A defecção entrega nas mãos das autoridades coloniais a própria sobrevivência de Palmares, pois os chefes que o acompanham são conhecedores dos segredos da região, das técnicas da guerra e dos indivíduos que a empreendem. Em função desse perigo é que Zumbi não hesita em estabelecer a ditadura de "salvação pública", como afirmam alguns historiadores. O novo governador das armas subordina toda a existência de Palmares às exigências da guerra. Submete os homens a adestramento intensivo, multiplica as sentinelas nos limites do quilombo, intensifica a produção agrícola e a metalurgia, e decreta a lei marcial para os que tentem desertar.

Ao mesmo tempo que consolida seu prestígio dentro de Palmares, Zumbi promove a destruição de Cucaú, destruição encetada também pelo poder colonial, que não cumpre os acordos de paz. Com a infiltração de agentes de Zumbi no quilombo de Ganga-Zumba, muitos regressam a Palmares clandestinamente, outros se alçam à liderança do quilombo renegado. Sentindo-se ameaçado, Ganga-Zumba despacha Ganga-Zona para conferenciar com o governador de Macacos. Ao iniciar-se a década de 1680, as pressões sobre Cucaú são intensificadas. Não surtiram efeito as *démarches* entre Ganga--Zona e o sobrinho. Enquanto isso, em Cucaú, partidários de Zumbi envenenam Ganga-Zumba e massacram seus ajudantes imediatos. Ganga-Zona, sobrevivente, junta-se às autoridades coloniais para promover a repressão aos membros da facção contrária. João Mulato, Canhongo, Amaro e Gaspar, líderes da conspiração, são degolados. Cucaú é extinto, e suas terras, distribuídas entre os grandes proprietários da região.

A partir daí, Palmares torna-se muito mais agressivo. Em contrapartida, intensificam-se as expedições contra eles. Fatores externos contribuem para que as autoridades coloniais reprimam com maior constância os quilombos: revoltas negras explodem em todas as colônias escravagistas do Novo Mundo. Um dos focos principais são as Antilhas. Nina Rodrigues chama atenção para essa guerra generalizada que ocorre nas colônias de grande maioria populacional negra.[4] Como seus correlatos na Jamaica e em São Domingos, Palmares ameaça o domínio colonial, exigindo uma ação repressora mais severa. Por outro lado, o Brasil vive às voltas com rebeliões de grupos indígenas; para abafá-las, as autoridades lançam mão dos paulistas predadores dos nativos brasileiros. Esses paulistas serão chamados também para a guerra contra os quilombos.

DURANTE DEZESSETE ANOS, as várias expedições à região quilombola voltam a Recife com a notícia da morte de Zumbi. São incontáveis os chefes de tropa que nesse período reivindicavam a glória de terem matado o governador das armas. De tal forma esse consenso da morte de Zumbi se espalha que parte da literatura sobre Palmares defende a tese de terem existido tantos Zumbis quantos foram os chefes militares na história do quilombo. Entretanto, muitos documentos das autoridades coloniais estabelecem a identidade física do indivíduo que conduz a guerra entre 1676 e 1695, provando que se tratava de um só homem. Por outro lado, a crônica sobre Palmares não registra o nome de Zumbi como chefe nem antes, nem depois dessas duas datas.

De qualquer forma, à medida que cresce a mística da imortalidade, Zumbi tira partido dela. Graças a isso, escravos abandonam em massa as fazendas da capitania, engrossando a população de Palmares. Desenvolvendo a técnica de insular-se e estender-se, Palmares cada vez mais se afasta da capitania, caminhando para o sul do litoral nordestino. A guerra de movimento é a grande tática de Zumbi e seus chefes de campo. Impossibilitadas de desenvolver o mesmo tipo de guerra, as forças de Pernambuco pedem ajuda às tropas indígenas e mamelucas dos paulistas. Em resposta, Domingos Jorge Velho, auxiliado por vários terços de capitães-do-mato, abandona momentaneamente a guerra contra os índios Janduim (14 mil homens em revolta, espalhados por Pernambuco, Itamaracá, Paraíba e Rio Grande do Norte), engajando-se na luta contra os quilombos. A ferocidade dos paulistas (testemunhada pelo bispo de Pernambuco), alimentada pelo desejo de entrar na posse das riquezas acumuladas pelos quilombolas, faz dessa etapa da guerra a mais decisiva.

Mas não foi o capitão paulista quem teve a honra de dar termo à vida do general negro. Este foi morto à traição por um quilombola de sua confiança que, perseguido e acossado pela fome, acabara prisioneiro do paulista André Furtado de

Mendonça. Entretanto, Palmares não desapareceu com seu chefe. O próprio Jorge Velho, em meio ao regozijo do Conselho Ultramarino, chama a atenção para a continuidade de Palmares. E tinha razão, pois no começo do século XVIII um novo Zumbi surgia na pessoa de Camoanga, egresso de Palmares. Seu quilombo, na região mais ao norte, foi desorganizado em 1704. Outros grupos palmarinos inauguram o Quilombo do Cumbe, na Paraíba; mais forte, este foi liquidado em 1731.

A TRAJETÓRIA DE PALMARES SEGUIU, grosso modo, a direção sul. Nos meados do século XVIII levanta-se o grande quilombo em Sergipe, tão forte quanto Palmares. A ausência de estudos mais profundos impossibilita que se estabeleçam uma ordem cronológica fidedigna e, ao mesmo tempo, as relações entre os quilombos dos séculos XVII e XVIII no Nordeste. Entretanto, é fácil perceber que pelo menos em termos geográficos o quilombo em Sergipe é a continuação do movimento migratório dos quilombolas rumo ao sul da região. Convém assinalar que o momento da queda de Palmares coincide com o das descobertas de ouro e diamantes em Minas Gerais. Significativamente, os grandes quilombos do século XVIII se estabeleceram na região de economia da mineração. Minas e Mato Grosso tiveram sociedades quilombolas de grande densidade populacional e longa duração. O século XIX foi a época áurea dos quilombos no extremo Norte, Maranhão e Pará, e no Rio de Janeiro e Bahia.

A maioria dos historiadores assinala que dentro dos quilombos os negros viviam harmoniosamente com segmentos da população pertencentes a outras etnias. A historiografia sobre quilombos ressalta a sua capacidade para aglutinar as raças que constituem a formação social brasileira. Além dos mestiços, o quilombo acolheu índios e mesmo brancos, embora a literatura não fale de elementos do sexo masculino entre os últimos. Parece que só mulheres brancas viveram em quilombos, principalmente em Palmares. Segundo alguns historiadores, sua ida para Palmares era consequência da escassez de mulheres no Brasil colonial, uma realidade também entre a população negra. Daí os quilombolas se casarem com brancas, que aparentemente eram levadas à força para Palmares.

Quatrocentos anos depois de sua subida ao poder de Palmares, Zumbi permanece vivo na memória nacional. De forma lendária ou presente na documentação, ele entrou para a história como um marco em nossa tradição de povo livre. Hoje, certamente, muitos o homenagearão repetindo as palavras do verso que era cantado nas horas mais difíceis da vida de Palmares, e que ficariam gravadas numa canção popular do Estado de Alagoas: "Folga nego, folga que sua Ngola Djanga hoje é uma nação".

11. O Quilombo do Jabaquara*

O FASCÍNIO QUE O QUILOMBO EXERCE como fato relevante da história dos negros no Brasil não é um acontecimento recente. No século passado, às vésperas da abolição do trabalho escravo, sua influência atuou de maneira decisiva ao provocar, através de reminiscência lendária, a desorganização do trabalho nas fazendas de São Paulo, contribuindo para o abandono dos campos pelos negros que viviam ainda sob o sistema servil.

A alusão que se faz à existência de um quilombo no leste do estado de São Paulo, em Jabaquara (Santos) — alusão divulgada por "abolicionistas", mas também por indivíduos ligados aos fazendeiros interessados nas fugas a fim de se furtarem da indenização a ser paga aos ex-escravos conforme os decretos-leis que precedem a Lei Áurea — provocou a fuga em massa das fazendas em direção a essa "terra da promissão" que veio a constituir o Quilombo do Jabaquara.

---

* Texto publicado na *Revista de Cultura Vozes*, em 1979. O "quilombo" de Jabaquara, situado em Santos, era controlado por abolicionistas e recebeu grande quantidade de escravizados(as) fugidos(as) das fazendas de café. Parte dos habitantes mantinha expressões culturais negras, a exemplo do samba de umbigada. Na mesma área, havia outras localidades semelhantes (ver Clóvis Moura, *Os quilombos e a rebelião negra*. São Paulo: Brasiliense, 1981, pp. 221-4). (N. O.)

Esse sentido que teve Jabaquara como a "terra prometida" demonstra o grau de conhecimento que os escravos tinham do quilombo e de como a ideia deste funcionava em suas mentes. Mostra a familiaridade que os escravos possuíam com a história dos seus semelhantes no Brasil e o papel histórico e cultural que esta desempenhava no conjunto da comunidade negra.

O sucesso da fuga em massa dos locais de trabalho para um local não conhecido da maioria dos integrantes de tal empresa só pode ser compreendido na medida em que o quilombo impunha um significado de profundas raízes históricas na memória social desse grupo, ao mesmo tempo que funcionava como fator de identidade étnica e social. A questão está em como essa massa de escravos carentes de formas mais aperfeiçoadas para manter uma memória social, ou seja, uma história, conseguiu possuir uma ideia do quilombo tão aproximada daquela que foi divulgada pela literatura histórica ou vulgar, ou seja, um local onde a liberdade era praticada, onde os laços étnicos e ancestrais eram revigorados.

Entretanto, um ponto a ser discutido sobre os quilombos é que eles não obedeceram sempre ao mesmo quadro institucional. Há diferenças entre eles, que vão desde a conjuntura histórica em que surgiram e fatos implicando maior ou menor organização, até suas diferenças na estrutura interna. Jabaquara, nesse sentido, não pode ser considerado um quilombo, pois, em primeiro lugar, não foi organizado espontaneamente pelos ex-escravos, mas por pessoas de fora, inclusive brancas; em segundo lugar, seu estabelecimento obedeceu a uma necessidade prévia de provocar, através da desorganização do trabalho, a irreversibilidade da abolição da escravatura.

Nesse sentido o ajuntamento foi um logro para aqueles que para lá se dirigiram, pois ao invés da "terra prometida" encontraram uma cidade-favela que em nada correspondia ao ideal em que acreditavam. Em outro sentido, o logro do Jabaquara teve sérias consequências, na medida em que, ao tentarem retornar às fazendas de procedência, os ex-escravos não encontraram onde se estabelecer, pois elas já haviam sido ocupadas pelos imigrantes italianos que inauguram o sistema de mão de obra assalariada.

Obrigados a permanecer no Jabaquara, os negros que aí ficaram tiveram a oportunidade de se engajar na força de trabalho relativa aos afazeres das docas, na exportação do café.

O aspecto de Jabaquara não ter sido realmente um quilombo não diminui sua importância no quadro que tentamos mostrar, isto é, de o quilombo exercer um papel fundamental na consciência histórica dos negros. Em certa medida aí se desenvolveu o principal fator de coesão grupal que caracteriza o quilombo: a identidade étnica funcionando no seio de uma comunidade. Muito embora essa comunidade não fosse autárquica, como era a maioria dos quilombos, mas voltada para uma função econômica fora dessa organização social.

PARTE III

O quilombo como sistema alternativo

12. Sistemas sociais alternativos organizados pelos negros: Dos quilombos às favelas*

PROPOSTA QUE TEM POR OBJETIVO estabelecer uma linha de continuidade histórica entre os quilombos como forma de resistência organizada dos negros nos séculos de dominação escravista e suas formas atuais de resistência.

A importância dos "quilombos" para os negros na atualidade pode ser compreendida pelo fato de esse evento histórico fazer parte de um universo simbólico em que seu caráter libertário é considerado um impulsionador ideológico na tentativa de afirmação racial e cultural do grupo.

Entretanto, existem lapsos em termos da análise desse fenômeno em toda a historiografia brasileira. Esse lapso de conhecimento da história do negro no Brasil e da própria história do Brasil provoca uma ruptura dos negros com o seu passado, agravando o desconhecimento da sua situação hodierna.

A visão do "quilombo" transmitida pelas obras de orientação didática, carentes de uma pesquisa profunda que oriente sua elaboração, contenta-se em repetir, de antigos livros, conceitos preconceituosos sobre os "quilombos". A importância deles

---

* Texto datilografado, introdutório ao relatório final do projeto de pesquisa "Sistemas sociais alternativos organizados pelos negros: Dos quilombos às favelas", financiado pela Casa do Brasil Léopold Senghor e pela Fundação Ford, 1981. (N. O.)

nessa literatura é determinada pelo grau de envolvimento que os "quilombos" tiveram com acontecimentos históricos de grande significação para a historiografia oficial. São exemplos disso os quilombos de Palmares, que servem de moldura à Invasão Holandesa no Brasil (século XVII), e o quilombo do Cosme, que desempenha o mesmo papel no episódio da Balaiada, no Maranhão (na primeira metade do século XIX).

Ao lado de poucas informações descritivas sobre a repressão das autoridades, se encontra uma interpretação estereotipada de como se constituíam os "quilombos". Nessas descrições reforçam-se as noções dos negros como seres primitivos, malfeitores e irresponsáveis, e dos quilombos como bandos destituídos de caráter político. Por outro lado, essa literatura identifica os quilombos como refúgios ou "valhacoutos" de negros, num sentido deveras depreciativo:

> Os escravos rebeldes que não queriam aceitar a escravidão fugiam para a mata virgem, nela acabavam formando aldeias do tipo que haviam deixado na África, escolhiam chefes e "viviam mais ou menos à moda primitiva". Estes aldeamentos [...], no século XVII, chamavam-se de quilombos.[1]

No entanto, os negros que constituíam "quilombos" diferenciavam-se em etnias, em origem geográfica na África e em muitos casos são também crioulos (nascidos no Brasil) que, por esse motivo, talvez não fossem tão primitivos assim, nem tinham essa noção das aldeias "deixadas na África". Outrossim, durante todo o regime escravista, os "quilombos" posteriores, em grande número, não obedecem exatamente ao mesmo tipo de organização encontrada naqueles do século XVII.

A bibliografia especializada se mostra pouco numerosa, predominando nela o método de análise descritivo. Essa bibliografia se refere, em sua maior parte, aos quilombos de Palmares. Ela generaliza o conceito de "quilombo" a partir justamente desses grandes semiestados do século XVII. Edison Carneiro, por exemplo, baseando-se neles, estabelece uma escala hierárquica, graduada em três momentos principais da reação do negro à escravidão:

a) a revolta organizada, pela tomada de poder, que encontrou a sua expressão nos levantes de negros malês (muçulmanos), na Bahia, entre 1807 e 1835; b) a insurreição armada — especialmente no caso de Manuel Balaio (1839) no Maranhão; e c) a fuga para o mato, de que resultaram os quilombos, tão bem exemplificados no de Palmares.[2]

Do mesmo modo, a partir dos estudos sobre Palmares, essa bibliografia vê como causas gerais para o estabelecimento dos "quilombos": a) rejeição dos negros aos maus-tratos impostos pela escravidão; b) busca inata de liberdade pelo homem primitivo; c) crise do sistema econômico e suas implicações políticas, que vão se refletir num afrouxamento do controle exercido pelas instituições escravistas sobre a mão de obra; d) necessidade de retorno a uma situação tribal, ou seja, reação à destribalização causada pelo processo do tráfico e da escravização negreira.

Embora essas análises globais sobre os quilombos possuam evidências, elas não podem atender à compreensão total desses fenômenos. Duas características podem ser visíveis neles: sua constância no tempo de duração do regime escravista; e seu caráter geral,[3] pois eles ocorrem, se não em todas as regiões do Brasil, pelo menos em grande parte delas, mesmo naquelas onde o regime escravista não possui maior significação. Como explicar historicamente um processo sem atentar para sua dinâmica e sua diferenciação no tempo? A repetição das generalizações na bibliografia que estuda especificamente o "quilombo" desde as primeiras décadas deste século se deve, em parte, ao fato de os negros como grupo subordinado desconhecerem a escrita, ao mesmo tempo que o sistema educacional brasileiro não beneficiava os escravos e ex-escravos no passado; e em outra parte à própria incompreensão das autoridades ultramarinas e coloniais sobre essas formações humanas.

Os termos "mocambo" e "quilombo" são vocábulos de origem quimbundo. O desconhecimento do verdadeiro significado dos mesmos pelas autoridades portuguesas fizeram dos dois palavras sinônimas. Por outro lado, o receio dessas autoridades frente ao recrudescimento dos núcleos de população negra, livre do domínio colonial, depois das guerras no Nordeste no século XVII, obrigou-as a definir o objetivo de sua repressão como "toda habitação de negros fugidos que passem de cinco, em parte desprovida, ainda que não tenham ranchos levantados nem se achem pilões neles".[4]

Essa definição, da Consulta do Conselho Ultramarino de 2 de dezembro de 1740, influencia sobremodo o conhecimento que nos chegou até hoje. No entanto, uma das características fundamentais desses núcleos humanos era a grande quantidade de habitações, sendo que as estimativas populacionais aproximadas de "quilombos" como os de Palmares e os de Sergipe, no século XVII, e os de Minas Gerais, no século XVIII, são da ordem de 20 mil habitantes. Outra característica era a especificidade da organização política. Palmares, um verdadeiro Estado, mantém — no episódio da paz de Ganga-Zumba

— relações diplomáticas em nível de Estado para Estado com as autoridades coloniais e a própria coroa. Outra ainda é a produção, muitas vezes em grande escala, que resultava num excedente negociável e intercambiado com os moradores das capitanias e depois das províncias.

É importante também salientar que, em determinados núcleos chamados indistintamente de quilombos no século XIX, existiam não só os chamados fugidos como também os libertos através da manumissão ou outro processo.[5]

A bibliografia especializada é também responsável pelo tipo de interpretação que se procura dar aos estabelecimentos humanos conhecidos por "quilombos". Baseados nos documentos de repressão oficial, os estudos dos "quilombos" caem sempre na análise do momento do ataque da ordem social vigente aos estabelecimentos negros.

Nesse particular eles são sempre considerados a partir do seu sentido de luta armada contra o regime, inexistindo estudos aprofundados sobre os momentos de paz, em que a sociedade de um modo geral, e os senhores e moradores em particular, toleram-nos, mantendo relações econômicas e às vezes de clientela com os "quilombolas".

As interpretações sobre os "quilombos" a partir da documentação oficial e baseadas numa metodologia da história descritiva remetem-se a dois princípios que estão vinculados à formação dos historiadores. De um lado, o liberalismo clássico, vindo dos ideais da Revolução Francesa, faz com que alguns autores os interpretem à luz dos princípios de igualdade, sem atentar para as estruturas internas dos quilombos, que mantêm desigualdades sociais em seu seio, embora não idênticas às desigualdades de um sistema moderno. De outro lado, alguns autores se mostram mais enfáticos ao procurar nos "quilombos", justamente a partir do acirramento da luta armada em reação ao ataque da ordem opressora, um embrião revolucionário, segundo os princípios marxista-leninistas de mudança social. Traduzem inclusive o motivo do estabelecimento do "quilombo" dentro dessa perspectiva.

É inegável o caráter de reação dos negros "quilombolas" ao regime escravista, sistema que domina toda a atividade produtiva da sociedade brasileira naquele momento. Neste sentido, a liberdade é uma das motivações para que os escravos procurem os "quilombos". Mas uma dinâmica da história duradoura (no tempo) dos "quilombos" necessita uma compreensão — na qual a complexidade das suas instituições e a evolução da sociedade global sejam vistas como processos interacionais — para que se entenda sua particularidade como sistemas sociais autônomos em relação à sociedade global. A historiografia contenta-se somente em marcar a capacidade de luta e de resistência dos negros envolvidos nesses sistemas e, ampliando, a resistência do povo negro de um modo geral, através dos tempos. Daí a generalização do termo "quilombo" para indicar variadas manifestações de resistência, generalização permeada pela postura ideológica dos pesquisadores. Desse modo, cabe perguntar: o quilombo, considerado como forma de resistência dos negros ao regime de opressão, constituiu um instrumento eficaz de enfrentamento da ordem social, com a capacidade de mudá-la a seu favor? Se não, ele não poderá requerer para o seu entendimento uma interpretação baseada nas teorias da mudança social.

A análise dos "quilombos" não pode obedecer à mesma linha de interpretação utilizada para os movimentos designados modernos, aqueles que ocorreram na Europa Ocidental desde o século XVIII, que são encaixados dentro do quadro socialista. Menos ainda aos movimentos operários e socialistas deste século. O fato de os "quilombos" pertencerem à dinâmica da sociedade brasileira dos séculos de colonização e à posterior sociedade pré-capitalista e pré-industrial do século XIX os encaixa nos chamados movimentos sociais "arcaicos", ou "primitivos". Logo, uma interpretação vinculada às teorias de mudança social, notadamente a marxista, soa, em relação a eles, de modo exótico. De tal modo essa linha de interpretação é estranha à sua realidade que o próprio Edison Carneiro os considera uma reação negativa de fuga e defesa, em contrapartida aos movimentos pela "tomada de poder" dos negros malês da Bahia.[6]

No século XX, a ausência de movimentos negros de caráter insurrecional no Brasil, assim como a fraqueza dos raros movimentos de protesto, fomentou a ideia de que o negro brasileiro tem um espírito dócil. Além do mais, a tradição dos movimentos sociais nos séculos anteriores parece fundamentar essa assertiva. Há quem diga que o negro consciente e rebelde desapareceu junto com os quilombos após a abolição do trabalho escravo. Entretanto, as desigualdades sociais baseadas nas diferenças étnicas acirraram-se durante este século.

Compreendendo o "quilombo" no seu sentido histórico, como um sistema social alternativo, é importante reproduzir sua trajetória para o entendimento do seu aparente desaparecimento da história do Brasil a partir do final do século XIX, assim como as influências ou sobrevivências que ele projetou na história do negro no século XX.

O estabelecimento das populações constitutivas dos "quilombos" em territórios delimitados nos séculos anteriores levanta a questão da sua continuidade física. Nos documentos referentes à correspondência do chefe de polícia do Rio de Janeiro com o ministro da Justiça e Negócios Interiores, no século XIX, vários territórios que naquela época compreendiam "quilombos" são atualmente favelas ou ex-favelas com grande contingente de população negra (de menor poder aquisitivo), assim como segmentos populacionais de outras etnias com a mesma origem e classe.[7] Essa composição populacional tem grande semelhança com a dos ex-quilombos. Situação idêntica à do Rio ocorre na Bahia, em Minas Gerais, Pernambuco e São Paulo, não somente nas áreas urbanas, como também nas de economia rural decadente. Nestas últimas, os negros guardam como características marcantes o isolamento da sociedade global, assim como padrões comunitários de organização social e, eventualmente, formas de produção características dos "quilombos" anteriores à abolição.

Parece que a transformação histórica sofrida por esses núcleos se deveu em grande parte à queda do sistema escravista, adquirindo eles novas relações com a sociedade global a partir do domínio de um tipo de economia e de sistema social modernos, característicos do século XX. Mas, no tocante ao caráter "pré-político" de resistência racial, cultural e, até certo ponto, do aspecto autônomo que dominava os períodos de "paz", poderia haver uma linha de continuidade até os nossos dias.

Portanto, a linha de continuidade a ser estabelecida descarta a conceituação do quilombo como projeto insurrecional, como contestação da ordem social, retendo o sentido de sistema social baseado na autodefesa e na resistência como forma política. Eric J. Hobsbawm mostra como grupos subordinados atuam dentro de um sistema social moderno: eles manifestam nos respectivos movimentos sociais arcaicos seu processo de adaptação (ou insucesso em adaptar-se) às sociedades em que foram introduzidos à força. Porém, esses movimentos possuem uma evolução histórica, pois pertencem também ao mundo que os oprime; são conhecedores das instituições (principalmente as repressoras) das sociedades modernas com as quais estão envolvidos. Essa evolução histórica caracteriza-se por duas fases: uma, na qual determinadas instituições próprias dos grupos subordinados possibilitam uma autonomia frente à sociedade dominante; outra, quando essas mesmas instituições não mais representam um modo eficiente de defesa contra o mundo externo. Hobsbawm diz:

> Os laços de parentesco ou de solidariedade tribal que, combinados ou não com ligações territoriais, são a chave daquilo que hoje [...] se considera como sociedades primitivas persistem. No entanto [...] não mais constituem uma defesa fundamental do homem contra os caprichos do meio social ambiente.[8]

A primeira fase histórica pode ser identificada com os sistemas sociais genericamente denominados quilombos, no passado. As favelas ou áreas de economia decadente, onde existe grande contingente de negros e que ao mesmo tempo são áreas de ex-quilombos, estão identificadas com a última fase dos movimentos sociais arcaicos.*

---

* É conhecido que o território de Canudos onde Antônio Conselheiro e seus seguidores se estabeleceram fora um quilombo no passado, e a constituição étnica destes grupos era negra, índia e mestiça. O último foco de resistência que cai nas mãos das tropas governamentais era uma colina que se chamava Favela. Esse nome posteriormente veio a designar todas as áreas de assentamento social nos morros do Rio de Janeiro.

Diante do exposto, são levantadas as seguintes hipóteses para nortear a pesquisa:

1. O que ficou conhecido na historiografia como quilombos são movimentos sociais arcaicos de reação ao sistema escravista, cuja particularidade foi inaugurar sistemas sociais variados, em bases comunitárias.

2. A variedade dos sistemas sociais englobados no conceito único de quilombo se deu em função das diferenças institucionais entre esses sistemas.

3. O maior ou menor êxito na organização dos sistemas sociais conhecidos como quilombos deu-se em função do fortalecimento do sistema social dominante e sua evolução através do tempo.

4. As áreas territoriais onde se localizaram quilombos no passado supõem uma continuidade física e espacial, preservando e/ou atraindo populações negras no século xx.

5. Certas instituições características de movimentos sociais arcaicos são encontradas nos territórios acima citados, fazendo supor uma linha de continuidade histórica entre os sistemas sociais organizados pelos negros quilombolas e os assentamentos sociais nas favelas urbanas, assim como nas áreas de economia rural decadente com incidência de população negra e segmentos populacionais de baixo poder aquisitivo pertencentes a outras etnias.

Natureza das fontes de dados

1. Fontes primárias: documentação oficial: relatórios de presidentes de províncias, correspondência de repartições jurídi-

cas com o Ministério da Justiça e Negócios Interiores, atos jurídicos, jornais. Essas fontes são encontradas em: Arquivo Nacional, arquivos estaduais, arquivos municipais, Biblioteca Nacional e bibliotecas estaduais, Museu Histórico Nacional.
2. Fontes secundárias: bibliografia especializada e geral, nacional e estrangeira, relativa à história do Brasil, movimentos sociais e história e sociologia do negro brasileiro.
3. Pesquisa de campo baseada em observação participante e entrevistas, nas áreas de ex-quilombos.

Metodologia

A metodologia a ser empregada obedecerá a:
1. análise e crítica histórica de documentos;
2. método etnográfico e da história oral quanto ao trabalho de campo.

13. Quilombos: Mudança social ou conservantismo?*

EM 1974 PUBLICÁVAMOS UM ARTIGO na *Revista de Cultura Vozes* sob o título "Negro e racismo". Entre várias questões levantadas, discorríamos sobre nossa proposição de escrever uma história do negro; discorríamos ainda sobre as dificuldades a nós apresentadas quanto à metodologia, diante dos conceitos de "aceitação", "integração" e "igualdade", e afirmávamos que, na prática, a ideologia oficial e de dominação representava nela mesma, através dessa linguagem conceitual, o preconceito racial. Evidenciava-se, portanto, uma situação de fato, isto é, o racismo e a discriminação. Dizíamos textualmente que a "aceitação", a "integração" e a "igualdade" são pontos de vista do "dominador" (dominador, aqui, no sentido da ideologia das classes dominantes — particularmente da classe intelectual —, englobando o conceito de raça dominante, o que nos fez enxergar uma ideologia racialmente branca que se tornou uma ideologia nacional).

---

* Há duas versões deste texto no acervo de Beatriz Nascimento, ambas datilografadas e com o mesmo conteúdo. Uma consiste em um texto separado e datado à mão (1978), e a outra tem no cabeçalho, também escrito à mão, o título do projeto: "Sistemas sociais alternativos organizados pelos negros: Dos quilombos às favelas". No curriculum vitae da autora consta uma conferência homônima proferida no Museu de Arte Moderna, também em 1978. (N. O.)

Ainda no mesmo artigo concluímos que os três conceitos antes citados, assim como tudo o que é atribuído ao negro, o que até agora é considerado como negro, inclusive a "cultura do negro", devem ser reexaminados não sob o ponto de vista da ideologia dominante, mas sob o ponto de vista das nossas aspirações e necessidades. Isso só é possível à luz de uma fidelidade à história (do Brasil). Só o levantamento histórico da vivência dos negros no Brasil levado a efeito pelos seus descendentes, isto é, pelos que atualmente vivenciam na prática a sua herança existencial (vivida), poderá erradicar o complexo existente entre eles, assim como o preconceito racial por parte dos brancos.

Tendo em vista essa posição, que assumimos intelectualmente, partimos para um estudo revisionista da história do Brasil. Nossa atenção voltou-se para o exame dos estereótipos que recaem sobre os descendentes dos africanos que aportaram no Brasil. Mas por isso mesmo abandonamos metodologicamente o estudo dos descendentes de ex-escravos pelo estudo do negro brasileiro que possui também uma herança histórica baseada na liberdade, e não no cativeiro. Abandonamos momentaneamente o estudo das relações raciais e partimos para o estudo dos núcleos de população negra no passado, os quais, grosso modo, eram livres da dominação oficial, ou seja, daqueles assentamentos sociais conhecidos genericamente sob o nome de "quilombos".

No presente estudo, faremos uma crítica à bibliografia existente sobre os quilombos, na qual prolifera uma visão idealizada a respeito deles; outrossim, essa visão se baseia numa interpretação feita por aqueles estudiosos mais esclarecidos e lúcidos que viram no quilombo uma tentativa, embora frustrada, de mudança de status do ex-escravo, visando uma mudança social do regime escravista implantado no Brasil durante três séculos de dominação colonial.

Buscamos, para iniciar o nosso estudo, uma definição mais aproximada da realidade histórica e perguntamos o que foi e o que hoje é o "quilombo", e quais suas implicações na história brasileira e na trajetória histórica e de vida de negros no Brasil.

"Quilombos" como assentamentos sociais

Uma consulta do Conselho Ultramarino, datada de 2 de dezembro de 1740, definia assim o que era "quilombo" ou "mocambo": "toda habitação de negros fugidos que passem de cinco, em parte desprovida, ainda que não tenham ranchos levantados nem se achem pilões neles".

O verbete do *Dicionário da língua portuguesa*, da autoria de Aurélio Buarque de Holanda Ferreira, diz atualmente o seguinte: "Quilombo. Substantivo masculino. Brasileiro. Valhacouto de escravos fugidos".

Consideramos tanto a consulta do Conselho Ultramarino português quanto o verbete do mais completo dicionário de língua portuguesa uma visão estereotipada do que foi ou ainda é na realidade um "quilombo". O mesmo Aurélio Buarque de Holanda Ferreira diz no verbete do seu grande dicionário: "Quilombo. Do quimbundo, União". E é nesse ponto que queremos chegar: união de quê, união entre o quê?

Esse é um lapso que se coloca no conhecimento dos brasileiros acerca do seu passado, é uma incógnita na história do Brasil. Ninguém conseguiu ainda esclarecer esse hiato histórico que vem a provocar uma ruptura dos negros com o seu passado, agravando o desconhecimento da sua condição hodierna.

Na literatura especializada, enfatiza-se a necessidade dos negros de criarem quilombos como uma fuga da escravidão. Mas existiam outras formas bem mais contundentes de o ex-escravo se negar ao regime de opressão. Havia abortos, suicídios, assassínios de senhores e até mesmo de toda a sua descendência. Portanto, consideramos que a fuga aos maus--tratos da escravidão não era um motivo tão forte que levasse grandes números de negros a optar por uma vida paralela, comunitária e socializante. Isto é, os maus-tratos e os castigos corporais não levariam multidões de homens a criar sociedades ou assentamentos.

Há ainda na literatura sobre quilombos um dado visto como causa. Baseando-se principalmente na documentação sobre o Quilombo dos Palmares, alguns eminentes historiadores veem no "quilombo" um retorno à "situação tribal", uma necessidade imanente de o homem voltar às suas origens na África. Ou ainda o coroamento de um ideal inato de liberdade dos grupos comprometidos com o "quilombo". É justo que pensemos que uma das aspirações do escravo seja a liberdade, mas não no sentido em que a literatura a interpreta. Sem dúvida essa interpretação está baseada numa visão impregnada de ideologia liberal burguesa que remonta aos utópicos e até a Rousseau e aos pensadores do século XVIII, o mesmo ideal que se presume tenha levado à Revolução Francesa. Mais recentemente, baseando-se em princípios marxistas, os historiadores veem o quilombo como tentativa frustrada de tomada do poder, entendendo-se assim que o escravo, por não possuir uma consciência "adequada", não conseguiu lograr essa vitória. Desse modo, o próprio Edison

Carneiro, em seu *O Quilombo dos Palmares*, não hesita em estabelecer hierarquicamente três momentos principais da reação do negro contra a escravidão: 1) a revolta organizada pela tomada do poder (levantes dos negros malês na Bahia no século XIX); 2) insurreições armadas (caso de Manuel Balaio, em 1839, no Maranhão); 3) fugas para o mato que resultaram no quilombo (exemplo de Palmares). Discorrendo ainda sobre tal escala, o saudoso sociólogo reforça ainda essa posição chamando os "quilombos" de "reação negativa de fuga e defesa".[1]

A partir de Edison Carneiro é que questionamos o fato de se encararem os quilombos como um embrião de mudança social. Adiante veremos como o quilombo pode ser uma atitude dos negros para se conservarem no sentido histórico e de sobrevivência grupal, e que ele se apresenta como assentamento social e organização que criam uma nova ordem interna e estrutural.

Da consciência para resistir

Compreendendo a dificuldade metodológica e interpretativa que o estudo do "quilombo" oferece, e que por isso mesmo seja passível de tantos equívocos, entendemos que ele se forma mais da necessidade humana de se organizar de um modo específico que não aquele arbitrariamente estabelecido pelo colonizador. Um homem ou vários homens em condições físicas e psíquicas normais, embora vivendo sob um sistema de instituições vigorosamente opressoras, poderia voluntariamente imaginar para si situações mais de acordo com suas potencialidades e aptidões, situações que, em razão da ordem social escravocrata, são universal e historicamente reconhecidas como impossíveis de se promover.

Objetivamos, então, nosso ponto de vista sobre o que vai determinar a inauguração do "quilombo" como estrutura social. Tomemos como exemplo um clichê, um caso dentre muitos descritos por viajantes que visitaram o mercado de escravos do Valongo no Rio de Janeiro, no século XIX: um homem africano traficado, mas saído de uma organização social mais desenvolvida do que as inúmeras na África, ou um negro de grau hierárquico elevado em determinado grupo africano (sociedade primitiva, Estado, império ou um grupo social não especificado). Imaginemos um potentado separado, aqui no Brasil, pela distribuição de mão de obra no mercado, de seus súditos, ou da maior parte deles, ou ainda da sua família. Simplificadamente, diremos que esse homem, por experiência de mando, de grau hierárquico social, não aceita racional e conscientemente a nova condição em que se encontra no Brasil.

Esse homem poderá conseguir, mesmo na senzala, ainda na fazenda, nas próprias horas de trabalho, reorganizar um grupo nos moldes anteriormente conhecidos ou não. Isso poderia ser feito através de prestação de algum favor, da continuidade de vassalagem dos seus antigos súditos, de relações novas etc. A continuidade de vassalagem foi observada por Maria Graham, relatada no seu *Diário de uma viagem ao Brasil*, livro citado por José Honório Rodrigues no segundo volume de seu *Independência: Revolução e contrarrevolução*.[2] Presume-se que este também tenha sido o caso da acumulação de riqueza por parte de Chico Rei, em Vila Rica, no século XVIII. Além desses homens africanos, entretanto, é provável que homens crioulos (brasileiros) tenham tido ocasião de estabelecer grupos novos baseados em novas relações. É possível que, da forma como estava organizada a escravidão, o agrupamento se relacionasse de uma maneira que, para aquele de fora do agrupamento (o branco, o feitor, o senhor, outros negros etc.), fosse totalmente incompreensível e indistinta. É inegável que os negros estavam organizados socialmente na relação de trabalho sem fragmentação aparente. Qualquer mudança que pudesse acontecer dentro do núcleo de trabalho seria, desse modo, imperceptível. Isso dava uma margem de manobra para que o núcleo inicial do quilombo pudesse se desenvolver sem a intromissão dos elementos estranhos e opostos a ele.

Portanto, o grupo menor dentro do grupo maior já existia, estando inclusive sob uma liderança. Esses líderes podem ser retirados dos exemplos acima, ou podem vir das práticas religiosas: um curandeiro, um feiticeiro ou, em outros casos, uma parteira; pessoas que, portanto, pela sua importância no grupo, o aglutinam em torno de si. Estabelecido esse embrião de organização, o grupo começa a sentir necessidade de se afastar da ordem oficial.

Nesse momento, o grupo deve passar por uma grave crise. Homens e mulheres comprometidos passariam por uma fase caótica, em que as diversas etapas e situações que até então viveu a organização embrionária seriam postas em xeque, requerendo um corpo mais concreto e real. Essa crise deve se dar de uma forma que reflita o grupo psiquicamente. Talvez o caos psíquico dessas pessoas suscite então, nesse momento, uma elaboração ideológica para fortalecer os laços e justificar as atitudes contrárias à ordem social, política e jurídica estabelecida. Atitudes que, por outro lado, poderiam se reverter num perigo de desagregação para o grupo que se está formando.

Revigoram-se, então, por isso, os laços e os vínculos com suas regiões de origem, traduzidos pela intensificação de práticas lúdicas (uso constante de festas, batuques etc.), religiosas e "filosóficas". Nestas últimas, objetivar-se-á, principalmente, o desejo de libertar-se.

Do ponto de vista do comportamento individual (diremos assim para diferençar do comportamento psíquico-grupal e ideológico), irá se refletir numa atitude anárquica de abandono das práticas produtivas, o que no fundo seria a rejeição a continuar comprometido com a ordem social dominante. A marginalização das práticas e dos costumes dos negros, promovida pela mesma ordem social, dá razão a uma atitude contestatória, que se reflete em práticas de banditismo, viciadas e criminosas; estas, embora possuam caráter contestatório, não deixam de ter, por outro lado, um caráter, digamos, antissocial. Daí, mais tarde, a relação entre quilombola e criminoso.

É nesse momento que um fator exógeno ao grupo pode vir a desempenhar papel de grande significação. O desequilíbrio momentâneo do grupo que se está formando poderá estar articulado ao desequilíbrio da sociedade como um todo, ou sofrer a influência de acontecimentos como a desorganização da vida econômica (a crise de mão de obra concomitante ao processo abolicionista), uma guerra ou invasão (as Guerras da Independência, a relação entre Palmares e a Guerra Holandesa). Entretanto, esses fatores nunca são determinantes.

Após essa crise interna, que acontece enquanto o grupo está na fazenda, o próximo passo será a conspiração contra o regime oficial, que, pelas suas condições históricas e institucionais, só poderia oferecer uma alternativa: a fuga. Porém, o fato que determina a fuga é a pobreza de recursos a que qualquer grupo de homens escravos está submetido. Essa pobreza vai promover a ausência de condições para que eles se armem satisfatoriamente a fim de empreender uma guerra aberta na qual se embata o senhor e a nova ordem insurgente. A fuga leva em consideração, também, as condições geográficas que possibilitam a obscuridade das matas. Ela é, portanto, a primeira forma de reação escolhida e largamente usada para iniciar uma nova ordem realmente autônoma.

A fuga para luta

A designação "negro fujão", usada pela documentação oficial ao se referir ao quilombola, passou sem nenhuma crítica, no que se refere ao seu significado, para a literatura sobre quilombos. Por isso se perpetua inclusive com Edison Carneiro, que, como já citamos, transmite esta designação preconceituosa ao sugerir que o quilombo, por recorrer à fuga, é uma forma negativa de luta.[3] Sem dúvida é esse preconceito, que perdura até os nossos dias, o que mais impossibilita uma visão clara e precisa sobre o que seria um quilombo e seus correlatos. É corrente na documentação oficial denominar de quilombo qualquer agrupamento de negros, inclusive comunidades onde claramente se vê uma constituição religiosa. Esse é o caso dos quilombos de Nossa Senhora dos Mares e Cabula, nos arredores de Salvador, descobertos em 1807.* A consulta do Conselho Ultramarino, de

---

* A referência é sobre os quilombos de Nossa Senhora dos Mares e Cabula, mas essa situação se repetiu em muitos outros quilombos (principalmente no final do séc. XIX), na medida em que a margem de possibilidade de manumissão dos escravos foi uma característica do regime escravista

2 de dezembro de 1740, define como quilombos ou mocambos "toda habitação de negros fugidos que passem de cinco". Entretanto, Palmares e muitos outros quilombos, entre Sergipe e Minas Gerais, possuíam cerca de 20 mil homens. Não se podem entender da mesma forma, como grupo social, cinco fujões e 20 mil. Mas as dificuldades e passividades da literatura sobre quilombos permitem que esse mal-entendido permaneça mergulhado no seu obscurantismo preconceituoso.

Este pequeno estudo se propõe, de forma simplificada, a demonstrar que a fuga, longe de ser espontaneísmo ou movida por incapacidade para lutar, é, antes de mais nada, a decorrência de todo um processo de reorganização e contestação da ordem estabelecida. É o coroamento de uma série de situações e etapas nas quais estão em jogo diversos fatores: físicos, materiais, psicossociais, ideológicos e históricos.

Se tomarmos como hipótese viável que a organização nas fazendas, no seio da escravaria, é anterior ao estabelecimento da forma conhecida como quilombo, no espaço geográfico das florestas, concluiremos como certo que o êxodo e posterior instalação do grupo obedece a um requisito militar. A característica peculiar de Palmares e da maior parte dos grandes quilombos é

---

brasileiro. No entanto, o sistema social dominante não possuía flexibilidade no que tangia às alternativas produtivas que pudessem absorver mão de obra livre. Disso se ressentiram os ex-escravos beneficiados pela alforria, que muitas vezes eram reabsorvidos no regime de trabalho dominante por arbitrariedade de senhores e do próprio sistema; do mesmo modo, muitos deles, marginalizados, viviam em comunidades que, consideradas sempre como quilombos, eram reprimidas tanto quanto aquelas ditas de fugidos. A bibliografia oficial não se preocupou em desvendar esse aspecto da dinâmica social dos sistemas relacionando-o com a dinâmica interna dos quilombos (ver Pedro Tomás Pedreira, *Os quilombos brasileiros*. Salvador: SMEC, 1973, p. 135).

que, num primeiro momento, são os homens que fogem. Estes homens, quando do surgimento do quilombo na sua forma acabada, vão ser os chefes de campo, dirigentes dos vários mocambos, distribuídos pela designação de importância, conforme as aptidões militares de seus chefes. Assim, podemos presumir que a fuga é motivada por uma necessidade de resistência, e não para a acomodação. O quilombo, portanto, não pode ser reduzido à fuga. Esta é uma etapa; etapa para se empreender a luta, embora nesse momento seja evidente que ainda não se organizou a repressão por parte da sociedade oficial. Isso diminui o peso da expressão "negro fujão". Não se trata de uma fuga espontânea, no sentido de anarquia e desorganização; pelo contrário, o fato de que os primeiros a fugir sejam os homens prova que ela está voltada para uma organização do combate à sociedade negada. Presume-se, então, que a fuga obedeça a um programa ordinário. O programa vem à tona num determinado momento em que os negros engajados se sentem suficientemente amadurecidos para empreender o novo núcleo social, tendo escolhido previamente sua área de localização, na qual as probabilidades de enfrentamento à repressão sejam satisfatórias.

Destarte, podemos concluir que, vivendo ainda sob o regime escravista oficial, o quilombo ou seus correlatos são tentativas vitoriosas de reação ideológica, social, político-militar sem nenhum romantismo irresponsável. Muito menos a fuga para o mato tem o caráter de vida ociosa em contato com a natureza, com base numa liberdade idealizada e na saudade da pátria antiga. Talvez tenha sido por isso que, embora o quilombo fosse um dos elementos fortes da formação da sociedade dos brasileiros vencidos, ele não tenha se prestado como temática ao movimento literário romântico do século xix, como o foram as resistências do índio brasileiro. A liberdade como ideal, dissemos acima, é um vício de interpretação dos estudiosos ou simples relatores que estão sempre em busca de uma correlação histórica entre a realidade brasileira e a europeia. No quilombo, tanto o ideal de liberdade quanto a volta à África só poderiam ser tomados como fatores determinantes se se pudessem estabelecer fielmente as problemáticas individuais ou psicossociais. Caso contrário, o apelo a tais fatores seria mistificante, encobrindo por demais a realidade do quilombo enquanto história do Brasil.

Descaracterizada de seu aspecto negativista, assim como do aspecto pitoresco, mistificante, a fuga surge como decorrência de um processo iniciado na fazenda ou nos lugares onde se encontravam grupos de homens trabalhando sob o regime escravista. Eles a empreendiam conscientes de que o rompimento com a sociedade só poderia ser feito dentro de uma luta. Isso se torna patente com o exemplo de Palmares, onde os homens saem primeiro para organizar a resistência, constituindo aquilo que Edison Carneiro, citando Nina Rodrigues, diz que é o governo nas mãos do "que dá prova de maior valor e astúcia",[4] isto é, nas mãos dos mais capazes para a luta. Embora a literatura sobre Palmares se concentre na sua repressão e durante o período da Guerra Holandesa e aquele que logo o sucede, não há dúvidas de que, citando-se Hélio Vianna, o sertanismo de contrato como ciclo econômico e de integração nacional organiza áreas decadentes do Sul do país (São Vicente) em função do apresamento de índios e quilombolas.[5] Desse modo, podemos reforçar que oficialmente se reconhecem a luta armada e a organização militar como um dos momentos fundamentais da organização interna quilombola.

Afora isso, a etapa que sucede a retirada, da ordem oficial, daqueles que já constituem as lideranças do movimento é caracterizada pela doutrinação e coerção de outros homens, feitas por agentes do quilombo em redes de coito que se estendem através das fazendas. Todos aqueles que estudaram Palmares e outros quilombos grandes insistem nesse ponto. A nosso ver, uma doutrinação em busca de mais elementos masculinos só tem sentido em função de organização militar para o enfrentamento da ordem oficial e defesa da nova organização. Só após se *armarem* os homens aglutinam-se em práticas definitivamente sociais, buscando *suas* mulheres e, conforme estivessem agrupados, também seus filhos.

É possível que tudo isso esteja sendo feito muito antes da tomada de conhecimento por parte dos senhores, feitores e outras pessoas com acesso concreto à sociedade oficial. A partir desse momento, presumimos que a organização quilombola seja passível de conhecimento externo.

A paz quilombola

Até agora a literatura sobre quilombos, tanto a oficial quanto a bibliográfica, desde Nina Rodrigues até Clóvis Moura, se bem que por enfoques totalmente opostos, tem se preocupado predominantemente com seu caráter de rebelião, seu caráter insurrecto. O que os documentos oficiais nos legam é justamente o registro desse momento em que o quilombo entra em guerra com a ordem oficial. O que há antes, durante ou depois é muitas vezes sonegado. Mas mesmo nesses registros, mesmo na bibliografia, surge o relato do quilombo como um núcleo organizado, que desenvolve relações sociais intrínsecas, assim como relações econômicas e sociais com regiões vizinhas. É certo que grande parte da literatura se ocupa em discorrer sobre razias, ataques físicos, queima de fazendas, roubo de gado etc. que os quilombos empreendem em suas circunvizinhanças. Mas também é certo que há referências outras dos vizinhos do quilombo, de que lá se encontram roças onde se cultiva variedade de produtos, os quais são trocados com alguns outros vizinhos, inclusive fazendas; há criação de animais domésticos, há o fabrico de ferramentas que também vão se tornar produto (meio de produção) de relações econômicas com os vizinhos.

Podemos ver portanto que, estabelecido num espaço geográfico, presumivelmente nas matas, o quilombo começa a organizar sua estrutura social interna, autônoma e articulada com o mundo externo. Entre um ataque e outro da repressão oficial, ele se mantém ora retroagindo, ora se reproduzindo. Esse momento, chamaremos de *paz quilombola*, pelo caráter produtivo que o quilombo assume como núcleo de homens livres, embora potencialmente passíveis de escravidão. Pensamos que, pela duração no tempo e pela expansão no espaço geográfico, o quilombo é um momento histórico brasileiro de longa duração, e isso graças a esse espaço de tempo que chamamos de *paz*, embora muitas vezes ela não surja na literatura existente. Creio que se o escravo negro brasileiro tivesse podido deixar um relato escrito, com certeza teríamos mais fontes da *paz* quilombola do que da guerra. Essa paz está justamente nos interstícios da organização quilombola, e exige-se, sobre ela, um esforço de interpretação maior, com o qual se ultrapasse a visão do quilombo como a história dos ataques da repressão oficial contra uma outra organização que talvez na *paz* ameaçasse muito mais o regime escravocrata do que na guerra. O antes e o depois da guerra dos quilombos é que necessitam ser conhecidos. O reduto de homens livres, se relacionando com os outros homens livres ou não da sociedade brasileira, é que merece o esforço de interpretação que gostaríamos de empreender: os laços de solidariedade com o pequeno proprietário, por exemplo; ou o comprometimento de senhores de fazenda que auxiliavam o coito; as relações entre os negros e os não negros dentro do quilombo. Edison Carneiro fala de uns "colonos negros", homens brancos que criam seu gado na área do Quilombo dos Palmares favorecidos pelos quilombolas. Enfim, o Estado negro, que pelo menos uma vez foi por largo tempo vitorioso.

É conhecido e documentado que o quilombo muitas vezes se baseia no trabalho escravo. Esses escravos, segundo os historiadores, são aqueles que vão para o novo núcleo contra a vontade. Perguntaríamos quais são, além deste, os sistemas de produção em que se baseia a economia do quilombo. A nosso ver, o recurso à mão de obra escrava é muito mais a reprodução das formas conhecidas do regime colonial do que reminiscências de organizações sociais africanas. Ou seja, a *classe dirigente* do quilombo utiliza-se de um recurso de recrutamento de mão de obra seguindo os padrões naquele momento conhecidos, e não, como querem fazer crer os historiadores, por voluntariamente desejar reproduzir situações análogas às existentes nos seus sistemas de origem na África. Se bem que esta última hipótese não esteja totalmente fora de cogitação, cremos que a sociedade colonial influa muito mais no estabelecimento do sistema de trabalho quilombola.

Pensamos assim, também, no que se refere às relações entre sexos dentro do quilombo. Edison Carneiro e Nina Rodrigues citam que a principal mulher de Zumbi é branca, sendo que as outras em grau de importância, da mais à menos importante na hierarquia do chefe, são mulatas e negras, respectivamente.[6] Acreditamos que a hierarquia baseada na raça ou na cor de pele reflete o modelo de sociedade colonial, a qual, sem dúvida nenhuma, influi muito mais na estrutura interna do quilombo do que a origem africana de seus componentes.

Outro ponto de grande importância a ser estudado é a existência de indivíduos de outras raças, tanto branca quanto, principalmente, indígena. Pretendemos observar e esclarecer esse fenômeno e suas implicações no êxito da estrutura do quilombo enquanto agrupamento para a resistência cultural e racial dos negros. De que modo esse fator de integração entre os outros elementos oprimidos da sociedade colonial auxilia e frustra o projeto do quilombo?

A partir desses diversos enfoques, achamos possível encontrar na estrutura do quilombo o modelo de relação racial que sempre existiu no Brasil e que a nosso ver perdura após a abolição da escravatura. É a partir do conhecimento das relações entre os componentes livres da sociedade colonial e imperial, da qual o quilombo é sem dúvida um dos focos principais, que podemos entender as relações raciais que perduram após a abolição. Embora o quilombo como agrupamento passível de repressão pareça só existir enquanto houve o sistema produtivo da escravidão, ele não pode ter desaparecido como organização na qual vários grupos sociais estão comprometidos somente porque o regime escravocrata se extingue. Pensamos que ele, tanto como modelo quanto como segmento de estrutura social, perdurou absorvendo os novos elementos que aparecem com a desorganização do trabalho escravo, isto é, os ex-escravos, assim como indivíduos de outros grupos raciais que, de algum modo, ficaram fora da nova reestruturação da economia dominante. É verdade que não vamos vê-lo após a abolição como quilombo passível de repressão. Mas se nós tomarmos a história da repressão ao negro após a abolição, talvez possamos identificar essa nova repressão com o que aconteceu historicamente com o quilombo. Queremos dizer que oficialmente o quilombo termina com a abolição. Mas que permanece enquanto recurso de resistência e enfrentamento da sociedade oficial que se instaura, embora não mais com aquele nome nem sofrendo o mesmo tipo de repressão. Se sabemos que o negro e outros oprimidos permanecem, por exemplo, nas favelas e áreas periféricas da cidade, obrigados por fatores não só decorrentes da marginalização do trabalho como também pela marginalização racial, podemos dizer que o quilombo, embora transformado, perdura. Uma das provas que talvez tenhamos para esse argumento é a de que, no Rio de Janeiro, áreas geográficas de antigos quilombos, como os do Catumbi (um dos maiores), Leblon, Corcovado e outros, transformaram-se em favelas e sobrevivem, embora transmudados fisicamente, até os nossos dias. No início do século XX, principalmente nas primeiras décadas, a repressão à capoeira, a elementos negros que mantinham seus costumes culturais, lúdicos e religiosos, era tão forte quanto em relação ao quilombo no século anterior. E essa repressão tomava formas as mais complexas e variadas.

São esses os principais pontos que gostaríamos de esclarecer sobre o quilombo, em busca do padrão de relação racial brasileiro que, para nós, foi insuficientemente estudado, justamente por ter sido relegado a plano secundário e, mais ainda, por só ser entendido como foco de rebelião e insurreição. Isso para nós é a exceção da vida do quilombo. Sua tônica são esses últimos fatores que simplificadamente tentamos resumir, fatores que estão situados no tempo que chamamos de *paz quilombola*. Embora possa coincidir com a guerra do quilombo, é na *paz* que esse modelo de estrutura social se perpetua como história do Brasil e do negro dentro dela.

14. Kilombo e memória comunitária: Um estudo de caso*

Gostaria de dar a este trabalho o título de "A memória ou a oralidade histórica como instrumento de coesão grupal"; ou, ainda, "A memória e a esperança de recuperação do poder usurpado". Essa maleabilidade de títulos possíveis talvez se deva ao fato de este não ser ainda um trabalho concluído. Trata-se de um estudo prolongado e exaustivo.

Ao dizer isso, estou tentando transmitir minha experiência na pesquisa sobre os quilombos brasileiros, pesquisa que tomou, no projeto, o título de "Sistemas sociais alternativos organizados pelos negros: Dos quilombos às favelas". Esse projeto é também um grande sonho. Cientificamente falando, pretendemos demonstrar que os homens e seus grupamentos formando no passado o que se convencionou chamar "quilombos" ainda podem e procuram fazê-lo.

Não se trata, no meu entender, exatamente de sobrevivência ou resistência cultural, embora venhamos a utilizar esses termos algumas vezes, como referência científica. O que pro-

---

* Trabalho de campo realizado em Carmo da Mata, com Marlene de Oliveira Cunha, fundadora do Grupo de Trabalho André Rebouças, então graduada em ciências sociais e, posteriormente, mestre em antropologia na USP, com um estudo sobre corpo e gestual no candomblé de nação angola. Texto publicado em *Estudos Afro-Asiáticos*, em 1982. (N. O.)

curamos neste estudo é a "continuidade histórica", por isso me referi a um sonho. Todo historiador é um conversador e um sonhador em busca desse continuum. Digamos mesmo ser esta a nossa meta como estudiosos do processo do homem no planeta. Continuidade histórica é um termo ainda mais abstrato que a "sobrevivência" ou "resistência cultural" dos antropólogos. A continuidade seria a vida do homem — e dos homens —, permanecendo aparentemente sem clivagens, embora achatada pelos vários processos e formas de dominação, subordinação, dominância e subserviência. Processo que aconteceu, ao longo desses anos, com aqueles que, em nossas abstrações, se englobam na categoria de negros.

O trabalho aqui apresentado é nada mais que um relatório parcial de pesquisa. Não pretende estar com a verdade nem definir uma tese. Estou apenas dizendo: foi isso que eu encontrei.

Esta pesquisa, por razões que não iremos aqui mencionar, se desenvolveu na zona rural de Minas Gerais, em comunidades não particularmente isoladas, mas em um ex-quilombo.

A primeira etapa do trabalho se orientou pelo levantamento das áreas que possuíam nomes de ex-quilombos na relação do IBGE de municípios, povoados e localidades, assim como das áreas de ex-quilombos conhecidas através de bibliografia e das fontes de documentação primária dos arquivos Nacional e Público de Minas Gerais. Nessa etapa, visitamos também três das localidades em Minas, num primeiro contato com seus habitantes. Escolhemos, então, um caso para estudo, embora não tenhamos perdido de vista a comparação entre os três ex-quilombos: de Carmo da Mata, da comarca do Rio das Mortes e de Alagoas.

Na segunda etapa, dedicamos a pesquisa ao estudo de campo, lançando mão dos procedimentos da metodologia da história oral, da etnografia e da observação participante. O quilombo de Carmo da Mata foi o nosso campo de estudo sobre as condições dos negros que ali ainda vivem. Resolvemos assim em função do desenvolvimento da pesquisa. Esse quilombo, entre os três estudados, era o que possuía razoável quantidade de afro-brasileiros (pretos e mestiços). Por outro lado, seu reconhecimento se deu sem auxílio de documentação primária ou secundária. Durante o levantamento, na primeira etapa, constatamos um conflito de classe e de raça latente que tendia a progredir, e que, ao final, veio realmente a acontecer (mais tarde o relataremos).

Em Kilombo,* comunidade do município de Carmo da Mata, também encontramos uma especificidade não verificada nos demais: existia lá uma família cuja mãe — senhora que, segundo as informações levantadas, tinha 110 anos — era descendente direta dos quilombolas que habitaram a região durante muitos anos, até 1888.

Entramos em contato com essa senhora na primeira fase da pesquisa. Realmente, ela aparentava ter mais ou menos a idade que lhe atribuíam. Possuía família numerosa, parte ainda residente na região e parte que migrara para São Paulo, Paraná,

---

* A localidade a que a autora se refere, no município de Carmo da Mata, chama-se atualmente Quilombo, grafado na forma abrasileirada. O uso de Kilombo é uma elaboração historiográfica e ao mesmo tempo literária de Beatriz Nascimento, que atenta assim para a procedência africana dos quilombos, como apresentada no ensaio "O conceito de quilombo e a resistência cultural negra" (à p. 152 deste volume). *Kilombo* é uma palavra da língua umbundo cujo "conteúdo enquanto instituição sociopolítica e militar é resultado de uma longa história envolvendo regiões e povos" (Kabengele Munanga, "Origem e histórico do quilombo na África". *Revista USP*. São Paulo, n. 28, dez. 1995/fev. 1996, p. 58). (N. O.)

Mato Grosso e outras regiões com maiores oportunidades de trabalho. Na ocasião, perguntamos-lhe por que aquela região tinha sido denominada Quilombo (Kilombo). Ela respondeu-nos que era pelo surgimento de uma santa milagrosa que aparecera alguns anos antes, numa gruta da região, em local mais alto que o povoado. A elevação, constituída de pedras e com um pequeno vale por onde corre um rio, era chamada de Calhambola. Ora, "calhambola" é um termo que substitui "quilombola". Ao fazermos a mesma pergunta aos brancos — donos de casa comercial e parentes dos fazendeiros da região —, estes responderam-nos, no início, que não sabiam, mas logo depois, ao consultarem um jovem parente de Belo Horizonte, disseram-nos que o nome do povoado era Kilombo por terem ali se localizado negros fugidos da escravidão.

Intrigaram-nos as duas versões, pois, sempre que questionávamos os negros, estes repetiam a explicação que atribuía a origem do nome do local à santa milagrosa, afirmando-nos que ela se encontrava na capela católica do lugar. Por ocasião do Reinado — festa de rua comemorativa da trilogia são Benedito, Nossa Senhora do Rosário e santa Ifigênia — aconteciam situações muito especiais, e inclusive os filhos e netos ausentes de dona Idalina — a última quilombola — voltavam ao lugar, juntamente com outros negros, mestiços e brancos.

Decidimos acompanhar, na segunda etapa da pesquisa, todo o processo que culminava com as festas do Reinado. Esse procedimento não nos veio por acaso, pois pensamos que o Reinado — como manifestação impregnada de conteúdos simbólicos, no nível dos mitos afro-brasileiros — representaria uma continuidade histórica; ou seja, vimos que não só havia nessas festas uma conexão muito estreita com o que procurávamos no quilombo, podendo mesmo ser uma dramatização das condições de vida dos habitantes negros, possíveis reminiscências traduzidas no código cultural, mas, principalmente, com a própria dinâmica das relações raciais na povoação.

O exemplo mais típico era a insistência dos informantes negros em relacionar a origem de Kilombo a uma situação milagrosa ou lendária. E não somente nesse quilombo de Carmo da Mata, mas também nos demais visitados.

Ainda na primeira etapa da pesquisa, muito nos foi esclarecido sobre a ligação da história de Kilombo, em Carmo da Mata, com aparecimentos e revelações místicas, em transe ou não. O depoimento mais esclarecedor pertence ao sr. Neca, filho mais novo de dona Idalina, a anciã descendente dos quilombolas da região. Antes dele, alguns negros nos tinham insinuado a versão corrente, e, quando perguntávamos a quem pertencia a santa, respondiam-nos, "A nós". E se voltávamos a indagar, "Nós quem?", eles respondiam, "A nós, o Kilombo".

Uma das hipóteses de nosso projeto diz, explicitamente, que as áreas onde no passado se localizavam "quilombos" implicam uma continuidade espacial com o presente, preservando ou atraindo populações negras no século xx.

Dos três quilombos estudados — o de Carmo da Mata, o da Comarca do Rio das Mortes e o de Alagoas —, sobre o primeiro e o último não nos foi possível encontrar nenhuma documentação primária ou secundária, a não ser a referência na lista do IBGE. Tivemos, então, de optar pela pesquisa oral para refazer suas trajetórias. Iniciamos com entrevistas, observação participante e fotografias. Com o da Comarca do Rio das Mortes — um dos maiores do passado mineiro, também chamado Quilombo Grande — procedemos do mesmo modo, mas também encontramos muitas referências bibliográficas e documentação primária.

O quilombo de Carmo da Mata se nos tornou conhecido em setembro de 1976, ao hospedarmo-nos numa pequena fazenda no povoado de Riacho, município de Carmo da Mata, distante 14 km da região que posteriormente fomos estudar. Ao perguntarmos à dona da casa qual a padroeira da pequena igreja católica de Riacho, ela nos revelou que se tratava da igreja de Nossa Senhora do Rosário. Sendo esta Virgem protetora dos escravos e dos pretos em geral na religião cristã, indagamos se era comum os pretos a frequentarem. A fazendeira nos deu, de forma muito precisa, os primeiros dados da pesquisa que posteriormente viemos a desenvolver.

Foi-nos contado, com certo ponto de vista histórico, que os negros, assim como os brancos, iam àquela igreja, contudo os primeiros aumentavam suas práticas "cristãs" durante a trilogia de são Benedito, Nossa Senhora do Rosário e santa Ifigênia. Nessa ocasião, eles promoviam as festas de rua "que só eles sabem comandar". O nome que recebia a trilogia na região, dado pelos negros, era Reinado. Este constitui-se de ternos — espécie de pequenos exércitos ou batalhões, cada um com seu comandante, sempre negro ou mestiço —, que são quatro: da Congada, de Moçambique, de Catupé e do Vilão.*

Regressando ao Rio de Janeiro, procuramos a origem desse "folguedo" em Luís da Câmara Cascudo, o que não nos adiantou muito. Retornamos posteriormente à região de Carmo da

---

* O fato de os negros organizarem esses ternos segundo diferenças étnicas e históricas levou-nos a sugerir a hipótese de um conflito, cuja continuidade seria revelada durante a trilogia religiosa.

Mata e procedemos a levantamento mais detalhado acerca da concepção dos habitantes negros e brancos do local.

Pelos vários depoimentos, inferimos que não se tratava de simples festejos folclórico-religiosos. Havia neles toda uma impregnação histórica, pois os ternos tinham nomes e especificidades significativas. O primeiro referia-se a um patriarcado africano que se centralizou em um poder político-administrativo, que fora o Reino do Congo dos séculos XIII ao XV. O segundo, também referenciado ao passado africano, representava um matriarcado, ou pelo menos um grande poder político da mulher, ao mesmo tempo descentralizado, na África do mesmo período. "A diferença entre a Congada e o Moçambique é que na Congada é o rei, no Moçambique são as rainhas, mas as diferenças que os pretos dizem que têm é no toque do tambor e das caixas."* O terceiro terno, de Catupé, é o índio brasileiro, e o quarto e último representa o português, é o terno do Vilão.

Era o mês de setembro, e procuramos nos informar se havia algum Reinado perto da fazenda. Foi-nos dito que naquela tarde de domingo haveria uma apresentação em outro povoado próximo, cujo nome era Kilombo, considerado o Reinado mais autêntico das circunvizinhanças.

A referência ao nome nos interessou a ponto de querermos desenvolver a pesquisa tendo os conceitos histórico-culturais de quilombo e de reinado como ponto de partida. Nessa perspectiva, formulamos a hipótese de uma continuidade histórica entre o quilombo e suas representações e redefinições

---

* Depoimento da fazendeira, em casa de quem nos hospedamos em 1976, antes da pesquisa.

atuais. A essa parte referem-se as hipóteses de pesquisa de números 1, 2 e 3.*

Posteriormente, procuramos localizar esse quilombo na documentação histórica levantada nas fontes, referentes aos quilombos dos séculos XVIII e XIX, em Minas Gerais. Nada foi encontrado no Arquivo Nacional do Rio de Janeiro nem no Arquivo Público de Minas Gerais, em Belo Horizonte. Procuramos na igreja matriz de Carmo da Mata e Divinópolis o mesmo tipo de documentação, também sem sucesso. Optamos, forçosamente, pela pesquisa oral.

Através dos depoimentos orais, viemos a saber que o quilombo de Carmo da Mata organizou-se a partir do contato dos negros "corumbas" com os índios puris, que habitavam aquela região. Os negros eram da nação banto, de uma etnia mbundu. Viviam de caça, de pequena lavoura de abacaxi, feijão e banana, e extraíam ainda o palmito. Não se registra, em longo período, ataque à comunidade.

Por volta de 1888, segundo depoimento, forasteiros brancos, provenientes de São João del-Rei, procurando terras para café e gado, apossaram-se da região, expulsando os negros e os puris, seus primitivos habitantes. E houve de tudo, desde massacre até reescravização. Após a luta entre os forasteiros

---

* Hipótese nº 1: o que ficou conhecido na historiografia como quilombos são movimentos sociais arcaicos de reação ao sistema escravista cuja particularidade foi inaugurar sistemas sociais variados, em bases comunitárias; hipótese nº 2: a variedade dos sistemas sociais englobados no conceito único de quilombo vigorou em função das diferenças institucionais entre esses sistemas; hipótese nº 3: o maior ou menor êxito na organização dos sistemas sociais conhecidos como quilombos deu-se em função do fortalecimento do sistema social dominante e sua evolução através do tempo.

brancos e os quilombolas é que a santa milagrosa, Senhora Santana, foi encontrada.

O peão de um dos fazendeiros encontrou-a em uma gruta, após seguir uma rês que se desgarrara da manada. A vaca tinha o chifre partido, e o peão procurou saber onde ela tinha se ferido. Seguindo o rastro de sangue deixado pelo animal, ele encontrou, numa das grutas do sítio Calhambola, o que lhe pareceu ser a imagem de uma mulher com uma das mãos partida. Posteriormente, acompanhado de outros negros, verificou que se tratava de uma imagem de Senhora Santana, e todos acreditaram que ela causara o ferimento na vaca por esta pertencer a um dos fazendeiros mais cruéis da região, um dos que mais maltratavam os negros e seus colonos.

A imagem recebeu um "passe" antes de ser trazida para o arraial e entronizada na igreja católica, cuja padroeira era Nossa Senhora do Rosário. Trata-se de uma imagem de ébano, madeira escura, em estilo barroco. Os negros atribuem sua origem a um quilombola da região, o que mais tarde procuraram verificar em um centro de quimbanda. Constatado, por volta de meados do século xx, que a santa pertencia ao quilombo, os comandantes do Reinado construíram uma nova capela no sítio onde a imagem foi encontrada e tentam, até o momento da pesquisa, transferi-la para essa pequena capela. Esse procedimento dos comandantes do Reinado, todos negros, levou-os a um conflito com a Igreja católica e com os brancos da região.

Um dos filhos de uma das seis famílias brancas, mais ou menos por volta de 1910, passou a viver maritalmente com dona Idalina, a descendente dos quilombolas. Entre os vários filhos negros desta mulher existe, pois, um mestiço, filho do homem branco, descendente dos fazendeiros. Este filho de dona Idalina tem um papel relevante na comunidade. Suas atividades vão desde ser um bom lavrador, passando por benzedor, até principal capitão do Reinado. Atuando como líder de maior importância da comunidade, é ele quem dirige a luta contra os poderosos da região. Essa luta vai desde a recuperação da Caixa de Auxílio Mútuo do Reinado, que estava nas mãos dos brancos amigos do padre da paróquia de Carmo da Mata, até a retomada da imagem, que ele considera pertencente aos negros, assim como, consequentemente, as esmolas a ela entregues em pagamento das promessas. E ao longo desse processo ele vem, ao mesmo tempo, procurando legalizar sua ascendência branca, visando a recuperação das terras perdidas por seus ancestrais negros; assim, por ser filho natural de um dos fazendeiros brancos, ele procura, através de documentação em cartório, herdar as terras que pela "lei dos brancos" pertencem ao seu pai.

Esse mestiço nos revelou, após um ano de pesquisa, o conflito que nos pareceu latente à primeira vista. O conflito processava-se em torno da posse da santa milagrosa pela comunidade negra, todos componentes do Reinado. Com isso, eles procuravam ter o domínio da renda das festas e das esmolas dadas por romarias feitas à santa, além da tomada das terras, seu objetivo final. Eles construíram, sob a liderança do sr. Neca, filho de dona Idalina, a capela do Reinado fora da jurisdição direta da paróquia de Carmo da Mata. A capela foi construída com o dinheiro da Caixa do Reinado, no alto do sítio Calhambola, próximo à gruta onde a santa foi encontrada. Para lá pretendiam levá-la e ali organizar o Reinado autonomamente, no ano de 1979.

Como já dissemos, o Reinado dramatizava uma situação de conflito, mas, com as informações constantes dos depoimentos, foi-nos possível verificar que ele objetivava o próprio conflito. Em torno dele deveria haver uma demonstração das situações daquela comunidade que fugiam à observação em outras épocas não próximas ao evento chamado Reinado. De agosto a setembro, época do Reinado, desenvolvemos a fase decisiva da pesquisa. Acompanhamos as festas como observadores participantes, entrevistadores e fotógrafos, procurando documentar não só a dramatização como os conteúdos simbólicos do Reinado. Documentamos também, com entrevistas, os conflitos inter-raciais e interclasses da comunidade com a sociedade geral, já que, no período, houve a greve dos metalúrgicos mineiros, e muitos dos negros voltaram à região de Kilombo, fugindo da greve ou desempregados. Observamos também as temporárias soluções do conflito, no nível da solidariedade, do compadrio e outras formas de coesão grupal, através dos próprios festejos do Reinado.

Dificuldades e pretensões em função da pesquisa

Entre as dificuldades encontradas nessa etapa do trabalho ressaltamos a que se refere à ausência de especialistas na equipe, não só na área das ciências humanas, mas também na área tecnológica. Assim, um geógrafo, um antropólogo e um linguista seriam presenças importantes.

É do nosso interesse ampliar o conceito de quilombo de modo a extrapolar sua característica puramente histórica, na medida em que uma das principais hipóteses da pesquisa refere-se à permanência das populações em função de características geográficas. Os locais onde se formaram quilombos, no passado, possuem características climáticas e de relevo bastante similares. Questionamos até que ponto essas características não funcionam como polo de atração para a povoação de determinadas regiões, ou, ainda, se essas características atraem ou não a expansão da fronteira econômica, impedindo que permaneçam áreas vazias capazes de acomodar pequenos proprietários, sejam eles brancos ou negros. Questionamos, ainda, se não foi justamente essa característica, de ser região de fronteira, que levou aos ataques e à destruição dos quilombos no passado. Até que ponto, ainda hoje, o problema se repete? Todas estas são questões que nos remetem ao conceito de continuidade histórica.

É muito comum encontrar no Brasil — mas os vimos também em Angola — os quilombos se localizando em planaltos ou colinas, nas proximidades de rios ou outros caminhos naturais, possuindo clima bastante específico, onde as condições do sol e de outros astros dão uma sensação de espaço aberto, diríamos, oceânica e infinita. Daí a característica de fronteira, não só geográfica, como também demográfica, econômica e cultural, que essas organizações possuem.

Em Angola, pelo levantamento que fizemos, isso ficou patente, e trouxemos essa impressão observada a fim de verificar se o mesmo ocorria no Brasil. Sabemos que no passado isso pode ter ocorrido, e é parte de nossas constatações a importância econômica dos quilombos. Essa constatação leva-nos à hipótese de que os quilombos foram importunados, no passado, por se encontrarem em terras próprias para tipos vários de exploração econômica por parte do sistema econômico dominante. Esta é a razão dos ataques e da destruição.

Em função do estudo da mentalidade e dos componentes simbólicos hoje representados na concepção de mundo da comunidade estudada, em função da sua história passada, teríamos de recorrer a outros cientistas que pudessem, conosco, melhor esclarecer e conferir corpo teórico às impressões que tivemos sobre esses fatores, impressões baseadas tão somente em nosso conhecimento histórico.

Outro problema que se nos apresentou foi a extensão e ambição do projeto original. Pelo projeto, a pesquisa iria se desenvolver em quatro estados. Até o momento, efetuamos somente o trabalho de campo, aliado ao estudo de documentos, no estado de Minas Gerais, e mesmo assim não pudemos ir ao quilombo de Serro.

Embora nossa concepção do estudo sobre quilombos não leve em conta a preservação de componentes linguísticos, de cultura e de etnia especificamente africanos, pensamos em estudar e pesquisar em campo o quilombo de Serro, que foi um dos mais importantes do país, onde figurava somente um tipo de etnia. Seu chefe, o quilombola Isidoro, na época da destruição de Serro, caminha por Minas Gerais em busca de Ambrósio e seu quilombo da Comarca do Rio das Mortes. Nós gostaríamos de saber o porquê desse deslocamento, ou seja, que inter-relações possuíam seus chefes; e se isso era praxe dos quilombolas, procurando se reorganizar com os outros, ou mesmo se refugiando junto aos quilombolas que não tinham sido ainda reprimidos. Gostaríamos mesmo de saber se tal procedimento levava também em conta um certo sentido de nação por parte desses quilombolas.

Dos demais estados, fizemos o levantamento dos quilombos que estavam na área de influência de Antônio Conselheiro, no interior da Bahia. Utilizamos documentação secundária e o recenseamento demográfico de 1872. Abrangemos onze municípios nos quais encontramos quilombos atacados cujos integrantes ingressaram nas hostes do líder nordestino, no final do século XIX.

Faltam-nos, portanto, grosso modo, três estados e o estudo de campo de alguns quilombos da Bahia, como os de Orobó, o de Nossa Senhora dos Mares e Cabula e o do Buraco do Tatu.

Nesta pesquisa, contamos com o apoio financeiro da Ford Foundation e, como auxiliar de pesquisa, contamos com Marlene de Oliveira Cunha, a quem agradecemos profundamente.

15. O conceito de quilombo e a resistência cultural negra*

Objetivos

1. Caracterizar o quilombo como instituição africana, de origem angolana, na história da pré-diáspora.
2. Indicar as conotações que tal instituição recebe nos períodos colonial e imperial no Brasil.
3. Caracterizar a instituição quilombo na passagem para princípios ideológicos como forma de resistência cultural.
4. Historicizar a ideologia junto às etapas do movimento de conscientização do negro e da sociedade brasileira no século xx.

Introdução

A visão que o mundo ocidental procurou transmitir da África foi a de um continente isolado e bizarro, cuja história foi des-

---

* Texto publicado na revista *Afrodiáspora*, em 1985. Nota-se aqui a variação dos sentidos de quilombo, segundo espaços e tempos, na área de Angola e no Brasil. A autora trabalha com uma noção do quilombo como Estado — presente em Edison Carneiro (*O Quilombo dos Palmares*) quando este trata de Palmares — que, em outros trabalhos, não é acionada. Cabe ressaltar a ideia de quilombo como "princípio ideológico", como base da identidade cultural negra, do próprio movimento negro, e como reação ao "colonialismo cultural". (N. O.)

pertada com a chegada dos europeus. Da mesma forma que se deu com o território de origem do povo negro, a história desse povo só merece registro se estiver marcada por acontecimentos significantes da história da civilização ocidental. O risco maior desse procedimento de historiadores desta parte do mundo repousa na ruptura da identidade dos negros e seus descendentes, tanto em relação ao seu passado africano quanto à sua trajetória na própria história dos países em que foram alocados após o tráfego negreiro.

Numerosas foram as formas de resistência que o negro conservou ou incorporou na luta árdua pela manutenção da sua identidade pessoal e histórica. No Brasil, poderemos citar uma lista desses movimentos que, no âmbito "doméstico" ou social, se tornam mais fascinantes quanto mais se apresenta sua variedade de manifestações: de caráter linguístico, religioso, artístico, social, político, de hábitos, gestos etc. Não nos cabe aqui, porém, discorrer sobre essas manifestações. Um movimento de âmbito social e político é o objetivo do nosso estudo. Trata-se do quilombo (kilombo), que representou na história do nosso povo um marco na sua capacidade de resistência e organização. Todas essas formas de resistência podem ser compreendidas como a história do negro no Brasil.

O quilombo como instituição africana

Dois incentivos iniciais fizeram com que os portugueses, ao contrário dos demais europeus, se internassem no continente africano e procurassem conquistar uma colônia em Angola. O primeiro seria repetir o caso brasileiro, ou seja, adquirir terras próprias para se fixar como na colônia americana. O segundo objetivava encontrar minério precioso em Angola, projeto logo frustrado.

Os europeus descobriram ainda no século xv que a maior fonte de riquezas era o tráfico escravista. O Brasil passou a ser o maior receptor dessa "mercadoria" nos meados do século xvi. Decorrente da procura de escravos, intensificou-se a penetração interior, geralmente organizada pelo rei do Congo, que orientava os ataques dos portugueses.

A "zona de caça" preferida era a região da etnia mbundu, no sul de Angola.* No século xvii os portugueses verificaram definitivamente que o comércio humano, mais que qualquer atividade, atendia aos interesses coloniais. Três métodos principais se mostraram eficazes para o empreendimento. O primeiro baseava-se na compra por parte de traficantes nos mercados dos povos mais afastados, junto às fronteiras do Congo e de Angola. Mbundu, povo fixado próximo ao lago Stanley, deu nome a esses traficantes, os famosos pombeiros. O segundo método consistia em obter escravos através da imposição de tributos aos chefes mbundu conquistados. Tal tributo era pago em jovens escravos adultos, conhecidos sob o nome de peças da Índia. O terceiro método de adquirir escravos era através de guerras diretas. Os governadores eram os mais interessados neste último procedimento. Alguns deles,

---

* Os Mbundu estão situados, como se verá, entre um conjuntos de povos com história, geografia e cultura comuns entre os quais, no século xv, os colonizadores encontram: agricultura, metalurgia (ferro), tecelagem, comércio, linhagens de parentesco e chefes políticos, delineando organizações que os estudiosos denominam de Estados. (N. O.)

com interesses no Brasil, preocupavam-se em abastecer de escravos suas próprias terras americanas.

Ao entrar no continente africano, os europeus encontraram sociedades de diversos tipos, naquele momento em processo de redefinição, à medida que surgia em alguns pontos a organização do Estado. Este, como o exemplo do Reino do Congo, chocava-se com algumas formações tradicionais, como no caso das formações baseadas no modo de produção de linhagem, da qual os Mbundu faziam parte.

David Birmingham dá bem a medida dos conflitos existentes nas sociedades banto da África Centro-Ocidental no momento da penetração portuguesa. Diversas etnias se entrechocam, se sucedem no mesmo espaço, seja aderindo ao novo momento, seja resistindo a essa penetração.* Dentre elas vamos encontrar os Imbangala, também conhecidos como Jaga, caçadores vindos do leste que, por volta de 1560, começam a invadir o Reino do Congo e que, por volta de 1569, tinham conseguido expulsar o rei e os portugueses da capital, obrigando-os a exilar-se numa ilha no rio. Entre 1571 e 1574 os europeus, usando armas de fogo, fazem recuar esse combativo povo.

Dez anos mais tarde os Imbangala combatiam ao lado dos Mbundu contra a penetração portuguesa. Sua entrada no ter-

---

* Banto é o nome dado a um vasto conjunto etnolinguístico (e não somente de etnias) pertencente à família Níger-Congo, com diversos povos que recobrem quase toda a África subsaariana, com exceção de parte significativa da Namíbia, de Botswana e da África do Sul. Esses povos derivam de uma longa e lenta migração que, numa direção, ocupou o oeste do continente (até o Atlântico), e, na outra se estende do grandes lagos (Vitória e outros) até o sul do continente pelo lado leste (Índico). Esses povos compartilham em grande dimensão a ideia de força de vida ou força vital (*muntu*), correlata ao axé, em yorubá. (N. O.)

ritório mbundu foi precedida de uma luta feroz entre Ngola, chefe dos últimos, e Kinguli, chefe dos Imbangala.

Os Imbangala que dominaram Angola eram considerados um povo terrível, que vivia inteiramente do saque, não criava gado nem possuía plantação. Ao contrário das outras linhagens, não criavam os filhos, pois estes poderiam atrapalhá-los nos diversos deslocamentos que se faziam necessários. Matavam-nos ao nascer e adotavam os adolescentes das tribos que derrotavam. Eram antropófagos e, em sua cultura, adereços, tatuagem e vinho de palma tinham especial significado.

A característica nômade dos Imbangala, acrescida da especificidade de sua formação social, pode ser reconhecida na instituição do *kilombo*. A sociedade guerreira imbangala era aberta a todos os estrangeiros, desde que iniciados. Essa iniciação substitui o rito de passagem das demais formações de linhagem. Por não conviverem com os filhos e adotarem os daquelas formações com as quais entravam em contato, os Imbangala tiveram papel relevante nesse período da história angolana, a maior parte das vezes na resistência aos portugueses, outras no domínio de vastas regiões de fornecimento de escravos. Por tudo isso, o *kilombo* cortava transversalmente as estruturas de linhagem e estabelecia uma nova centralidade de poder frente às outras instituições de Angola.

O ritual de iniciação dos Imbangala baseava-se na prática da circuncisão, que expressava o rito de passagem, incorporando jovens de várias linhagens na mesma sociedade guerreira. *Kilombo* aqui recebe o significado de instituição em si. Seriam *kilombo* os próprios indivíduos ao se incorporarem à sociedade imbangala.

O outro significado estava representado pelo território ou campo de guerra.

Ainda outro significado para *kilombo* dizia respeito ao local, casa sagrada, onde se processava o ritual de iniciação.

O acampamento de escravos fugitivos, como quando alguns Imbangala estavam em comércio negreiro com os portugueses, também era *kilombo*.

Mais tarde, no século XIX, as caravanas de comércio em Angola recebiam a mesma denominação.

Observando-se a inter-relação entre Brasil e Angola quanto ao tráfico negreiro, não é difícil estabelecer conexão entre a história dessa instituição na África (Angola) e aqui. A dificuldade está em se estabelecerem linhas de contato direto, como, por exemplo, entre a formação de um quilombo aqui e suas origens territoriais e de composição étnica em Angola; e se os componentes nacionais eram descendentes diretos dos envolvidos na África, ou ainda se haveria relação direta com quilombos combativos aqui e grupos africanos que atuavam na zona de guerra naquele momento, do outro lado do Atlântico.

O quilombo como instituição nos períodos colonial e imperial no Brasil

A primeira referência a quilombo que surge em documento oficial português data de 1559, mas somente em 1740, em 2 de dezembro, assustadas frente ao recrudescimento dos núcleos de população negra livres do domínio colonial, depois das guerras no Nordeste, no século XVII, as autoridades portuguesas definem, a seu modo, o que significa quilombo: "toda habitação de negros fugidos que passem de cinco, em parte desprovida, ainda que não tenham ranchos levantados nem se achem pilões neles".

Como esclarecimento, as mencionadas guerras do Nordeste dizem respeito à destruição do Quilombo dos Palmares, assim como a toda a agitação que se processou ao redor desse núcleo.

Dentre os primeiros quilombos brasileiros, no século XVII, sem dúvida Palmares se sobressai sem similar. Pelas notícias da época, a quantidade desses estabelecimentos está diretamente relacionada ao desmembramento desse grande Estado que inaugura uma experiência singular na história do Brasil.

Se fizermos inferências no sentido de coincidência de datas, vamos notar que o Quilombo dos Palmares não deixa de ser fenômeno paralelo ao que está se desenrolando em Angola no final do século XVI e início do século XVII. Talvez seja este quilombo o único a permitir a correlação entre o *kilombo*, instituição angolana, e o quilombo do Brasil colonial. O auge da resistência jaga se dá exatamente entre 1584 e meados do século seguinte, após o qual essa etnia se alia ao esforço negreiro português. Nesse mesmo momento se estrutura Angola Janga, conhecido como Quilombo dos Palmares no Brasil.

Alguns outros fatores coincidentes com a realidade angolana podem ser observados, como, por exemplo, a nominação do chefe africano de Palmares, Ganga-Zumba — tal título era dado ao rei imbangala com uma pequena variação, Jaga; o adorno da cabeleira observado por um cronista anônimo quando o rei palmarino conferencia em Recife a trégua que tem o seu nome: era costume do soberano imbangala Calando, que usava o cabelo em tranças longas adornadas de conchas, como sinal de autoridade; o estilo de guerra baseado numa máquina que se opunha em várias frentes aos prováveis inimigos da instituição, ou seja, a coorte transversal; a centralidade nova frente ao regime colonial; por fim, o nome dual da instituição no Brasil, Angola Janga.

Certo é que o nome Angola dado ao território colonial africano derivou do nome do rei mbundu, Ngola, o qual emprestou-o aos seus diversos descendentes-sucessores. Provavelmente representantes dessa dinastia africana são transferidos pelo tráfico para o Brasil. Certo é que estejam em Palmares também como chefes do estabelecimento sedicioso. É provável que o segundo nome, janga — variação de jaga —, demonstrasse a união das duas linhagens chefiando o Quilombo dos Palmares, porque assim estavam relacionados no controle do território mbundu em Angola.

Essas considerações em torno desse quilombo no Brasil nos dão a medida de quanto as realidades de Brasil e Angola estavam num estágio ainda possível de inter-relação. Os demais quilombos vão se distanciando do modelo africano e procurarão um caminho de acordo com as suas necessidades em território brasileiro. Falta ainda um esforço historiográfico de, ao estudar os quilombos brasileiros, defini-los segundo suas estruturas e sua dinâmica no tempo. De um modo geral, define-se quilombo como se em todo o tempo de sua história eles fossem aldeias do tipo que existia na África, onde os negros se refugiavam para "curtir o seu banzo".

No período colonial o quilombo se caracterizou pela formação de grandes Estados, como o da Comarca do Rio das Mortes em Minas Gerais, desmembrado em 1750. Podemos afirmar que, como Palmares, este quilombo atua de acordo com as condições estruturais, inclusive econômicas, no contexto dos "ciclos" econômicos no Brasil: antes o açúcar de Pernambuco, agora o ouro em Minas Gerais.

Dentro dessa perspectiva, é possível encará-los como sistemas sociais alternativos ou, no dizer de Ciro Flamarion Cardoso: brechas no sistema escravista.[1]

Um ponto importante e em certa medida controverso é a atitude desses grandes estabelecimentos frente ao regime da escravidão. É preciso reforçar que o africano não é um ser estereotipado, na acepção do *bon sauvage* (bom selvagem), e que a África não era necessariamente um paraíso bizarro. A instituição da escravidão era conhecida e utilizada desde a Antiguidade africana, entretanto, essa escravidão não tinha o caráter de "propriedade" encontrado no sistema escravagista colonial. Antes, diversos fatores levavam um homem livre à condição de escravo, entre eles: as guerras vizinhas em momento de instabilidade política; os filhos de mãe escrava não resgatados; a dependência por castigo imposto pela quebra de normas grupais; o perigo de vida dentro do grupo, que poderia levar ao pedido de proteção de outra linhagem, a chamada "escravidão voluntária".

Quanto ao último fator, o quilombo, sendo uma instituição de homens egressos da escravidão colonial ou em perigo diante dela, cujos laços estavam baseados em condições extraordinárias, poderia perfeitamente fazer uso desses mecanismos tradicionalmente conhecidos e suportar no seu interior a prática da escravidão.

Além disso, aliado no espaço e no tempo ao sistema social escravagista, não seria de todo impossível em alguns momentos que essa instituição da escravatura interferisse na economia dos grandes quilombos. Um exemplo dessa prática infere-se do assentimento de Ganga-Zumba em transformar os palmarinos não adesistas à trégua de Recife em escravos coloniais.

Mas é preciso recordar que o escravo colonial, ao aderir ao quilombo, muitas vezes poderia fazê-lo na condição de escravo voluntário. Isso é perfeitamente compreensível, porque essa prática era largamente utilizada na África.

Isso posto, a diferença entre os quilombos do século XVII e os demais era a possibilidade de grupos de etnias comuns ainda se encontrarem num espaço territorial, voltados para um tipo de economia, o que dá a medida do risco que eles representavam para o sistema colonial. Podemos mesmo afirmar que esses quilombos são o primeiro momento da nossa história em que o Brasil se identifica como Estado centralizado.

A partir do desmembramento dos quilombos do Tijuco e da Comarca do Rio das Mortes no século XVIII, o quilombo se redefine, variando conforme a área geográfica, a repressão oficial e a diversidade étnica, que se torna cada vez mais comum consoante a política negreira de misturar povos de origem diversa.

No século XIX, a proliferação de quilombos se faz em todo o território das capitanias coloniais. A diferença básica entre estes e os do século XVIII está diretamente vinculada à impossibilidade de cada um em si representar um risco ao sistema. Nesse particular, tanto no século XVIII quanto no século XIX, a instituição procede como frinchas no sistema — muitas vezes convivendo com ele pacificamente — que ao serem vistas globalmente, ou seja, em todo o espaço territorial e em todo o tempo histórico, traduziam uma instabilidade inerente ao sistema escravagista.

A oscilação das atividades econômicas, ora numa região, ora noutra, provocava muitas vezes o afrouxamento dos laços entre os escravos e os senhores. A fuga passa a ser uma instituição decorrente dessa fragilidade colonial e integrante da ordem do quilombo. O saque, as razias, enfim, o banditismo social são a tônica que define a sobrevivência dos aglomerados.

É assim que, no Código de Processo Penal de 1835, o quilombo no sentido de valhacouto de bandidos se distingue de qualquer outra forma de contestação dos escravos. Mas se assemelha quanto ao perigo à estabilidade e integridade do Império, sendo a pena para os seus integrantes correspondente à mesma imposta aos participantes de insurreições, ou seja, a degola.

Nesse período, o quilombo está inserido no chamado "perigo negro", movimento que assim se denomina em função das guerras da Bahia e do Maranhão. Sindicâncias policiais são feitas de acordo com denúncias, muitas vezes não confirmadas. Em outras ocasiões são encontrados grupos sociais que desenvolvem nos quilombos intensas atividades religiosas, como no quilombo de Nossa Senhora dos Mares e Cabula, em Salvador.

Outro dado importante do período é que os quilombos de grande porte se encontram em morros e periferias dos centros urbanos mais importantes, como o de Catumbi, o do Corcovado, o de Manuel Congo, no Rio de Janeiro imperial. Muitos desses quilombos se organizam no interior de um arcabouço ideológico, ou seja, a fuga implica uma reação ao colonialismo. Existe nesse momento a tradição oral ao lado de referências literárias do fenômeno no passado.

O quilombo como passagem para princípios ideológicos

É no final do século xix que o quilombo recebe o significado de instrumento ideológico contra as formas de opressão. Sua mística vai alimentar o sonho de liberdade de milhares de escravos das plantações em São Paulo, o mais das vezes através da retórica abolicionista.

Essa passagem de instituição em si para símbolo de resistência mais uma vez redefine o quilombo. O surgimento do Quilombo do Jabaquara é o melhor exemplo. Os negros fugidos das fazendas paulistas migram para Santos em busca de um quilombo apregoado pelos seguidores de Antônio Bento, que na verdade viria a ser uma grande favela, frustrando aquele ideal de território livre onde eles podiam se dedicar a práticas culturais africanas e, ao mesmo tempo, a uma reação militar ao regime escravocrata.

É como caracterização ideológica que o quilombo inaugura o século xx. Tendo findado o antigo regime, com ele foi-se o estabelecimento como resistência à escravidão. Mas justamente por ter sido durante três séculos concretamente uma instituição livre, paralela ao sistema dominante, sua mística vai alimentar os anseios de liberdade da consciência nacional. Assim é que, na trilha da Semana de 22, a edição da coleção Brasiliana, da Editora Nacional, publica três títulos sobre o quilombo, de autores como Nina Rodrigues [1932], Ernesto Ennes [1938] e Edison Carneiro [1947]. Sem deixar de citar Arthur Ramos e Guerreiro Ramos, além da versão romanceada um pouco anterior de Felício dos Santos.

Esse momento de definição da nacionalidade faz com que a produção intelectual se debruce sobre o fenômeno do quilombo, buscando seus aspectos positivos como reforço de uma identidade histórica brasileira. Mas não só isso, em outras manifestações artísticas o quilombo é relembrado como desejo de uma utopia. A maior ou menor familiaridade com as teorias da resistência popular marcam essa produção, que inclusive se demonstra em letras de samba, muitas vezes referidas nas instituições escolares. É comum, até 1964, a narrativa da história oficial estar presente nos livros escolares. De todo modo, até os anos 1970, o quilombo adquire esse papel ideológico, fornecendo material para a ficção participativa, como é o caso da peça teatral *Arena conta Zumbi*,[2] buscando o reforço da nacionalidade brasileira através do filão da resistência popular às formas de opressão, confundindo num bom sentido o território palmarino com a esperança de um Brasil mais justo, onde houvesse liberdade, união e igualdade.

Ao analisarmos essa conotação, não poderíamos esquecer da heroicidade tão intrinsecamente ligada à história dos quilombos. Como não poderia deixar de ser, a figura do herói é enormemente destacada, principalmente a figura de Zumbi, e isso, mais que tudo nesse período, ganha uma representação capaz de confundir, ao lado de muito poucos, a imagem deste chefe com uma alma nova nacional.

Não chega a ser exagero afirmar que entre 1888 e 1970, com raras exceções, o negro brasileiro não pôde expressar-se com sua voz na luta pelo reconhecimento de sua participação social. Soa interessante que tal expressão venha a acontecer num momento em que o país estava sufocado por uma forte repressão ao livre pensamento e à liberdade de reunião. Este era o momento dos anos 1970.

Talvez por ser um grupo extremamente submetido e que não oferecia um imediato perigo para as chamadas instituições vigentes, os negros puderam inaugurar um movimento social baseado na verbalização ou no discurso vinculado à necessidade de autoafirmação e recuperação da identidade cultural.

Foi a retórica do quilombo, sua análise como sistema alternativo, que serviu de símbolo principal para a trajetória desse movimento. Chamamos isso de correção da nacionalidade. A ausência de cidadania plena, de canais reivindicatórios eficazes, a fragilidade de uma consciência brasileira do povo, tudo isso implicou uma rejeição do que era considerado nacional e dirigiu o movimento para a identificação da historicidade heroica do passado.

Como antes tinha servido de manifestação reativa ao colonialismo de fato, em 1970 o quilombo volta como código reagente ao colonialismo cultural, reafirma a herança africana e busca um modelo brasileiro capaz de reforçar a identidade étnica.

Toda a literatura e a oralidade histórica sobre quilombos impulsionaram esse movimento, que tinha como finalidade a revisão de conceitos históricos estereotipados.

Com a publicação de artigo no *Jornal do Brasil* em novembro de 1974, o Grupo Palmares, do Rio Grande do Sul, do qual participava, entre outros, o poeta Oliveira Silveira, sugeria que a data de 20 de novembro, lembrando o assassinato de Zumbi e a queda do Quilombo dos Palmares, passasse a ser comemorada como data nacional, contrapondo-se ao Treze de Maio. Argumentava que a lembrança de um acontecimento em todos os sentidos dignificante da capacidade de resistência dos antepassados traria uma identificação mais positiva que a abolição da escravatura, até então vista como uma dádiva de cima para baixo, do sistema escravagista e de Sua Alteza Imperial. A sugestão foi imediatamente aceita, e a procura de maiores esclarecimentos sobre aqueles fenômenos de resistência tomou forma de aulas, debates, pesquisas e projeções que alimentaram o anseio de liberdade de jovens através de entidades, escolas, universidades e da mídia. Quilombo passou a ser sinônimo de povo negro, sinônimo de comportamento do negro e esperança para uma melhor sociedade. Passou a ser sede interior e exterior de todas as formas de resistência cultural. Tudo, de atitude a associação, seria quilombo, desde que buscasse maior valorização da herança negra. Hoje, o Vinte de novembro é data instituída de fato no calendário cívico nacional como Dia da Consciência Negra ou Afro-Brasileira.

Considerações finais

Este esboço de estudo tentou trazer uma unidade no tempo do fenômeno quilombo. Foi escolhido um método histórico descritivo por acharmos que caberia esse esforço, na medida em que as variáveis do quilombo são negligenciadas oficialmente. Por outro lado, seria necessário um corpo analítico para se compreender por que o fenômeno sobrevive no inconsciente coletivo dos negros e da inteligência brasileira.

Durante sua trajetória o quilombo serve de símbolo que abrange conotações de resistência étnica e política. Como instituição, guarda características singulares do seu modelo africano. Como prática política, aprega ideais de emancipação de cunho liberal que a qualquer momento de crise da nacionalidade brasileira corrigem distorções impostas pelos poderes dominantes. O fascínio de heroicidade de um povo regularmente apresentado como dócil e subserviente reforça o caráter hodierno da comunidade negra que se volta para uma atitude crítica frente às desigualdades sociais a que está submetida.

Por tudo isso o quilombo representa um instrumento vigoroso no processo de reconhecimento da identidade negra brasileira para uma maior autoafirmação étnica e nacional. O fato de ter existido como brecha no sistema ao qual os negros estavam moralmente submetidos projeta uma esperança de que instituições semelhantes possam atuar no presente ao lado de várias outras manifestações de reforço à identidade cultural.

16. O nativismo angolano pós-revolução*

Trabalho elaborado após a visita que fizemos a Angola, de 18 de setembro a 18 de outubro de 1979. Utilizamos neste trabalho os métodos de observação participante, da oralidade histórica e da história oral, além de documentos oficiais fornecidos pelo Conselho Federal de Cultura da República Popular de Angola.

Roteiro

1. Pequeno esboço sobre o colonialismo português
2. Neocolonialismo e as potências imperialistas
3. Origens do nativismo angolano
4. O político e o poeta: convergência ou não na luta pela independência?
5. A fase de reconstrução nacional
6. Conclusão

---

* Trabalho elaborado para a disciplina ministrada por José Calasans Brandão no curso de pós-graduação de História do Brasil da Universidade Federal Fluminense, em novembro de 1979, e posteriormente agregado ao relatório da pesquisa "Sistemas sociais alternativos organizados pelos negros: Dos quilombos às favelas". O nativismo é o retorno às matrizes linguísticas do país. No Brasil, aconteceu com o tupi. Em Angola, com as línguas chamadas nacionais. (N. O.)

Introdução

Nossa viagem a Angola em setembro/outubro de 1979 deveu-se a um convite feito pelo Conselho Federal de Cultura, Setor de Intercâmbio Intelectual daquele país, Departamento de Luanda. O intervalo da viagem chocou-se com o início do segundo período acadêmico do curso de pós-graduação da Universidade Federal Fluminense, onde estudamos, na área de concentração em história do Brasil.

O curso ao qual ora apresentamos este trabalho final chama-se Oralidade Histórica, e o professor José Calasans, da referida cadeira, muito compreensivamente sugeriu que desenvolvêssemos, aproveitando o deslocamento para a República Popular de Angola, um levantamento das condições sociais em que se encontravam as populações daquele país em função da readaptação do povo à nova realidade pós-independência e pós-revolução socialista. Esses dados que tentamos levantar enquanto estivemos ausentes do curso por quarenta dias, tentaremos esboçar segundo os pontos levantados pelo professor da disciplina.

Os pontos levantados são os seguintes:*

1. Verificar o nativismo angolano antes, durante e após a independência em relação a Portugal e a posterior revolução socialista. Se nesse sentimento existiam pontos em comum com o que sucedeu no Brasil no período precedente e posterior a 1822, época da independência do nosso país.

---

* Além de suas intenções de pesquisa com os *kilombos* africanos, a pesquisadora amplia muito sua problemática, para uma viagem não muito longa, o que se deve, provavelmente, à dificuldade de viagens de estudos para países estrangeiros. (N. O.)

a) Se houve florescimento do nativismo, tanto do lado angolano quanto do lado português, concomitantemente.

b) Se houve movimentos sociais do tipo Mata-maroto,* movimento que surgiu no Rio de Janeiro e na Bahia após 1822.

c) Se houve, dentro do processo nativista, mudanças de nomes de localidades, de família, de estabelecimentos, de monumentos. Como exemplo, foi citada a mudança de nomes de políticos brasileiros, como Francisco Gê Acayaba de Montezuma, que tomou este nome indígena em reação ao seu sobrenome português; se houve reação ao vocabulário português na linguagem oficial e mesmo na linguagem corrente e vulgar; se houve também mudança no nome de clubes e sociedades.

2. Verificar, in loco, aspectos como divergências ou convergências entre os papéis do político, do literato e do poeta.

a) Se cada um (político, literato e poeta) lutou de lados separados.

b) Como a poesia e a literatura atuaram na luta de libertação.

c) Se houve luta política através do verso, como no Brasil, em 1822.

Desenvolvemos esse levantamento concomitantemente a outro que nos propusemos fazer na pesquisa individual que levamos para Angola, denominada: "Sistemas sociais alternativos organizados pelos negros: Dos quilombos às favelas" (*musseques*, em Angola). Foi o interesse despertado por essa pesquisa

---

* "Mata-maroto" é um termo pejorativo dado por brasileiros aos lusitanos; vem da expressão "mata que é maroto". (N. O.)

que provocou o convite feito pelas autoridades angolanas para que nos deslocássemos até aquela nação.

O levantamento em questão ocorreu, primeiramente, em pequenas aldeias de pescadores na zona urbana da ilha de Cabo, defronte à baía de Luanda, província de São Paulo de Luanda. Nessa fase, desenvolvemos não só a pesquisa de observação participante, mas também consultamos documentos secundários como mapas, documentos oficiais, livros etc., baseados nos quais tabelamos as populações africanas segundo os reinos históricos (do século XVIII ao século XIX), as províncias atuais e antigas, os Estados neocoloniais e recentemente independentes. Todo esse levantamento foi feito segundo as características etnolinguísticas que permanecem desde o século XIII aos dias atuais.

Elaboramos doze tabelas, das quais quatro correspondiam aos quilombos ou, como conceituamos, *sistemas sociais alternativos*. Esses quilombos, também chamados *quimbos*,* hoje comissariados municipais, merecem um estudo especial que não pudemos desenvolver, pois necessitam de uma extensa pesquisa de campo.

Duraram dezessete dias os levantamentos estatísticos, culminando com o recenseamento populacional, inclusive relacionando com o digital zero as populações refugiadas, prisioneiras e mortas nas diversas províncias e quilombos da República Popular de Angola (R.P.A.). Nesse período do trabalho estatístico permanecemos trabalhando com o Museu Histórico Nacional, o Setor de Intercâmbio Cultural do Conselho Federal de Cultura, Seção de Luanda, e começamos a organizar conjuntamente o Centro de Documentação Histórica. Justificaremos

---

* No povoado ou no bairro. Na língua *kimbundo, ko imbo*. (N. O.)

adiante a organização desse Centro, pois as condições de documentação da história angolana são precárias em termos de fontes primárias, já que grande parte do material encontra-se em Portugal e no Brasil, além do que foi destruído durante as guerras sucessivas de libertação do país.

Por outro lado, tivemos contatos constantes com autoridades governamentais e elementos de uma determinada classe ativa economicamente, tanto da zona urbana e da zona rural ou suburbana de Luanda quanto de outras províncias, tais como Lubango, Moçâmedes [Namibe], Luanda, Cuanza Norte, Cuanza Sul, Malanje etc., e ainda delegações de outros países africanos como Guiné Equatorial, Namíbia, Zâmbia, Zaire, Somália, Moçambique, Cabo Verde, São Tomé e Príncipe, e de Timor, na Ásia, e da Palestina, no Oriente Médio, além de outros países orientais e ocidentais como Japão, União Soviética, Bulgária, Iugoslávia, Austrália, Portugal e Itália, mais algumas delegações de cooperação técnica e econômica do Brasil, dos países árabes, Coreia do Norte e outros.

Esses contatos constantes, pois praticamente todas as delegações hospedavam-se no mesmo hotel, nos foram promissores em termos do resultado do levantamento em questão.

A alocação dessas delegações em território luandense deve-se, em parte, aos acordos que a República Popular de Angola vem mantendo entre suas províncias e países africanos e não africanos, visando o incremento de cooperações nos níveis econômicos, técnicos, culturais e intelectuais, além da abertura de novas missões diplomáticas que possibilitem à R.P.A. uma rápida incorporação entre as nações em desenvolvimento no Terceiro Mundo, ou seja, a própria tarefa de reconstrução nacional através da preparação e formação de quadros ativos na área de recursos humanos; e, em parte, ao grande trauma sofrido pela nação com a morte do presidente, líder da revolução e considerado o líder único de todos os movimentos de libertação ora desenvolvidos em solo africano, António Agostinho Neto, que faleceu a 10 de setembro do ano corrente [1979].

Muitas dessas delegações eram chefiadas por ministros e chefes de governo dos respectivos países citados, que vieram trazer sua solidariedade ao povo angolano pelo desaparecimento do líder, ao mesmo tempo que entravam em negociações reforçando o lema da reconstrução nacional: "A luta continua e a vitória é certa", lema que tinha de estar na boca de todos nós, estrangeiros, em qualquer situação que nos encontrássemos com os nacionais angolanos.

Presenciamos toda essa fase após o funeral de António Agostinho Neto, pois chegamos a Luanda a 18 de setembro, um dia após terem chegado as delegações governamentais para as exéquias, e permanecemos nessa cidade até 18 de outubro, tendo entre esse período nos ausentado em viagem para o Norte do país. Durante esse tempo, ou seja, até 4 de outubro, Angola permaneceu de fronteiras fechadas, desenvolvendo uma guerra civil contra facções internas no Movimento Popular de Libertação de Angola (MPLA) — facções contra a tão desejada abertura para o Ocidente iniciada por Agostinho Neto —, ao mesmo tempo que reminiscências das guerrilhas históricas, apoiadas por potências estrangeiras, procuravam manter o poder em territórios com importância econômica estratégica. A cidade de Lubango, por exemplo, assim como Cabinda, que se encontravam em mãos de facções extremistas, foi recuperada por tropas que, segundo nos informaram em Portugal, eram chefiadas por facções pró-ocidentais do MPLA, da União

Nacional para a Independência Total de Angola (Unita) de Jonas Savimbi.

Após a tomada dessas regiões estratégicas política e economicamente, a guerra estendeu-se às cercanias de Luanda, havendo bombardeios em estabelecimentos do regime que se procurava depor somente a uns cinco quilômetros de Luanda, em Cacuaco.

A partir do dia 4 de outubro, a situação tendeu a se normalizar, e então pudemos deixar Luanda e viajar para Cuanza do Norte, a fim de fazer o levantamento de campo dos quilombos dessa província. Voltamos das portas do quilombo de Kua Putu porque a região ainda se encontrava em franco conflito bélico, com o perigo de um acidente ou um ataque das forças envolvidas à nossa pequena caravana.

Desloquei-me de Luanda a Cuanza do Norte em companhia do diretor do Setor de Intercâmbio Cultural e do representante do Museu Nacional; depois o grupo foi acrescido do comissário municipal de Ndalatando, seu ajudante de ordens e uma representante das Forças Armadas Populares de Libertação de Angola (Fapla), secção da Organização das Mulheres Angolanas (OMA), de Ndalatando. Visitamos Nova Oeiras, Ndalatando, Massangano (de grande valor histórico por ter sido o porto principal de embarque de escravos no rio Cuanza, mantidas em perfeito estado as ruínas do seu forte, construído nos estilos português e holandês dos séculos XVI, XVII e XVIII, quando se concluiu a construção), Cubango; e visitaríamos os quilombos povoados segundo o costume antigo, como Kua Putu e Dembo; quilombos que permaneceriam jurídica e administrativamente como no passado se não estivessem em franco conflito com as tropas de ocupação.* Kua Putu tem como chefe ainda hoje um soba, e os dembos tem à sua frente o Dembo,** chefe que se assemelha à forma de um demônio, usando três a oito chifres de seus próprios cabelos e se comunicando através de cornos de animais.

Retornamos dessa pequena incursão chegando no dia 7 de outubro a Luanda; continuamos o trabalho das tabulações, que terminamos por volta do dia 10. A 18 de outubro saímos de Luanda via Portugal e chegamos ao Brasil no dia 24 de outubro de 1979.

Por razões que explicaremos a seguir, deixamos todo o resultado desse levantamento de "Sistemas sociais alternativos..." no Museu Histórico Nacional, na Secretaria de Cultura de Luanda, Setor de Intercâmbio, no Comissariado de Luanda e na Coordenadoria de Cacuaco. O material constava, além da documentação do projeto de pesquisa apresentado, das tabelas que já mencionamos e de gravações em fita cassete sobre como desenvolver o restante da pesquisa. Por isso, não transportamos para o Brasil nenhum documento comprobatório, o que tentaremos suprir um pouco com este relatório sumário.

Escolhemos manter os documentos do levantamento de "Sistemas sociais alternativos..." em sigilo, nas mãos das autoridades angolanas, por duas razões que justificaremos a seguir.

---

* A pesquisadora se desloca, em geral, pela parte Centro-Norte de Angola, nas províncias que ficam ao longo do rio Cuanza. (N. O.)
** Daiana Lucas Vieira explica: "O termo dembo é usado para nos referirmos a um território situado em Angola e a um título político africano (Dembo) que é dado para o chefe e/ou líder do dembo (território)" (*O dembo Caculo Cacahenda: A história de uma região e de uma chefatura (1780-1860)*. Juiz de Fora, UFJF. Dissertação em História). (N. O.)

1. A República Popular de Angola, país recentemente independente da metrópole portuguesa (1975), encontra-se em fase de reconstrução nos terrenos da economia, da cultura, da técnica e da própria vida mental de seus habitantes traumatizados e agredidos por uma guerra de pelo menos treze anos. Ao mesmo tempo, o que a nós pareceu um paradoxo, encontra-se em fase de contrarrevolução (segundo o conceito de que a toda a revolução corresponde uma contrarrevolução, desenvolvida na tese da história do Brasil por José Honório Rodrigues). Sua situação interna é crítica. Não há unidade política, embora exista um partido de linha marxista-leninista impondo uma ditadura do proletariado; não há unidade cultural e de costumes, não há, por conta das guerras de guerrilha nos seus territórios (são etnias contra etnias) e nos territórios circunvizinhos, vislumbre de uma trégua duradoura; não há unidade linguística em seu interior, logo, é um país com sérias possibilidades de não alcançar uma unidade nacional e com vastas possibilidades de ser agredido. Por outro lado, mesmo assim e com tão pouco tempo de independência, busca um contato de cooperação em todos os níveis com potências ocidentais, inclusive Portugal e Estados Unidos. Essa justificativa completa-se com a que vem a seguir.

2. A ética profissional a qual respeito me obrigou a essa atitude. Na medida em que fomos a Angola como cooperantes intelectuais de um país diferente, ou seja, como cientistas estrangeiros, tivemos problemas de consciência em retirar os documentos referentes ao trabalho realizado. Eles permaneceram em mãos de quem de direito cabe. Por outro lado, reforçou essa decisão o fato de constatarmos em tese que "Sistemas

sociais alternativos..." (quilombos) são uma característica da organização social dos angolanos desde sempre, sendo nessa medida áreas territoriais de fronteira e ao mesmo tempo zonas estratégicas, requerendo das autoridades locais uma ocupação visando à defesa do próprio território e do subsolo angolanos, e que por isso não poderiam seus documentos constatadores serem retirados para outro país, por razões mesmo de estratégia, principalmente no caso crítico em que se encontra Angola.

Justificados esses pontos no pequeno preâmbulo que procuramos apresentar, resta-nos sobre a pesquisa realizada, em função do crédito PHT 02017, o levantamento que tentamos fazer segundo a orientação do professor José Calasans.

Pequeno preâmbulo

O colonialismo português em África forjou uma sociedade similar em muitas das suas características à sociedade brasileira.
  Angola, mais do que qualquer outra antiga colônia, em muitos aspectos desenvolveu-se em função do Brasil. Segundo David Birmingham, a ocupação de uma região em África pelo colonialismo inicial dos portugueses — século XV — deu-se porque Portugal vislumbrou a possibilidade de estabelecer em Angola uma colônia de povoamento similar à colônia estabelecida na América do Sul, para a produção do açúcar. Acrescentando-se o fato de Angola possuir vastas riquezas minerais, notadamente em Cabinda, Portugal previu e realizou um processo mercantil de exploração das riquezas do solo e subsolo angolano desde a região que ia das cabeceiras do rio Senegal até a bacia do rio Congo.

Nesse processo, Angola passou a ser, logo depois da queda do Reino do Ndongo (cujos reis Ngola emprestaram seu nome à região), a zona preferida de atuação da política de dominação mercantil portuguesa (séculos XVII a XX), procurando a metrópole portuguesa, ao contrário das outras potências mercantis, ocupar, e acabou ocupando (após a guerra com os holandeses em Angola e no Brasil), vastos territórios do interior africano, adentrando a chamada Costa da Guiné, regiões que até hoje sofrem de alguma forma o domínio cultural e histórico daquela potência mercantil.

Por outro lado, o processo colonial português, sem condições muitas vezes de atuar de forma concreta, segundo os moldes do colonialismo clássico, possibilitou um quase contato direto entre Angola e Brasil. Houve momentos em que Portugal, por questões bélicas entre potências ocidentais ou como no caso da unificação da coroa ibérica, negligenciou seu domínio tanto em África como na América. Nesses momentos, Brasil e Angola mantiveram negociações mercantis entre si, além de outros negócios sem a intermediação da metrópole. Prova disso é o documento de A. Abreu, mercador judeu que fazia negócios de produtos vários e de escravos diretamente entre Pernambuco, Bahia e Angola, no século XVI.

Esse estado de coisas foi uma constante, embora houvesse momentos de interrupção e repressão, quando a metrópole se considerava forte para coibir tais movimentos. Foi uma situação que, entretanto, perdurou até aproximadamente os finais do século XVIII. Acresce-se que os interesses escravagistas, pelo grande contingente de angolanos que aportaram no Brasil como escravos, levaram a que as relações entre Brasil e

Angola perdurassem até por volta de 1850, quando da extinção do tráfico negreiro africano.

Diante desse pequeno esboço, poderemos ver como o destino de Angola esteve, desde sempre, muito ligado ao do Brasil. José Honório Rodrigues, em entrevista concedida ao *Jornal do Brasil* de setembro de 1979, fala das afinidades entre nossos povos, mostrando que principalmente o Rio de Janeiro, e nós acrescentaríamos Minas Gerais, Pernambuco e Sergipe, foi formado por portugueses minhotos e escravos angolanos que imprimiram um caráter muito especial às populações desses estados.

Acrescente-se a isso o fato de que as línguas mais faladas em Angola, o quimbundo, o quicongo e o mbundu, terem trazido maior contribuição para a fala do português no Brasil. A maior parte do contingente de africanos no Brasil nos estados de Maranhão, Pernambuco, Rio de Janeiro, Minas Gerais e Sergipe, e mesmo na Bahia, é do chamado grupo nagô, ramificação do grupo banto. Portanto, Angola contribuiu majoritariamente com seu povo para a formação de largos segmentos da atual composição populacional do Brasil.

Visto isso, passaremos a discorrer sobre o levantamento que fizemos das condições de Angola pós-revolução. Esclarecemos que, pelo tempo restrito e as precárias condições de trabalho que nos foram dadas, esse levantamento talvez não corresponda às expectativas, mas nosso esforço foi o de chegar a algumas considerações levantadas durante o trabalho de observação participante.

Utilizamos, além dos dados de observação participante, documentos oficiais, recentemente elaborados, como o documento do Instituto Nacional de Línguas, cujo tema é "Reflexões sobre o estudo das línguas nacionais", e o "Caderno sobre a cultura nacional" de autoria de António Agostinho Neto. Utilizamos também obras poéticas e literárias de autores que hoje são autoridades angolanas.

Origens do nativismo angolano

Resposta 1
Pelo que sabemos, o nativismo angolano antes da independência foi, em comparação com o das demais antigas colônias portuguesas, o mais acirrado. O próprio fato de ser a colônia mais importante do Império ultramarino português forjou uma classe em disponibilidade que podemos chamar de política/intelectual das mais promissoras em se tratando de um *"ancien régime"*.

À semelhança do Brasil, que em sua época fora a colônia mais importante no Ocidente, não só para a metrópole, mas também para outras potências colonialistas, como Inglaterra, França e Holanda, Angola foi desde sempre motivo de cobiça das potências tradicionais. Portugal, visto isso, recrutava entre os nativos juristas, homens públicos de um modo geral, muitas vezes utilizando angolanos como altos funcionários governamentais não só em seu território, mas também em Moçambique, Guiné-Bissau etc., e até mesmo na sede do Império ultramarino.

A atual composição das classes em Angola torna-se de difícil compreensão devido ao regime socialista aí instalado, mas, antes da independência, grande parte da produção literária e poética tinha um sentido de engajamento, florescendo com o sentido de nativismo, ou melhor, de busca de uma identidade nacional, à semelhança do que aconteceu no Brasil no período precedente a 1822, mais precisamente na época da Arcádia Mineira, que produziu a Inconfidência. Podemos citar Luandino Vieira, Armindo Francisco, esse egresso de formação em missões evangélicas, e o próprio António Agostinho Neto, líder revolucionário e o primeiro presidente do Estado angolano.

Resposta 1.1
Houve, sim, o florescimento nativista de ambos os lados. Conheci muitos jovens portugueses estudantes que escapavam da guerra, na época da libertação, identificados com o sentimento nacional dos colonizados, diversos deles fugidos no período pré-independência para o Brasil. Entre aqueles angolanos descendentes em primeira geração de portugueses, encontramos como elemento profundamente nativista o atual diretor do Conselho Federal de Cultura da RPA, António Jacinto. Do lado angolano citaremos ainda Agostinho Neto. Percebemos, também, que muitos portugueses que deixaram Angola e hoje residem em seu país têm um sentimento não só de procurar rever seus bens naquele país, mas de participar da tarefa de reconstrução nacional, aceitando a revolução socialista como um "mal necessário" ao desenvolvimento que vinha sendo emperrado pela máquina burocrática do antigo Conselho Ultramarino português. O nativismo das autoridades, acirrado com a experiência de longos anos nas prisões da Polícia Internacional e de Defesa do Estado/Divisão Geral de Segurança (Pide/DGS), polícia portuguesa extremamente repressiva dos elementos de inclinações autonomistas, assim como por longos anos de exílio, deu às tendências nativistas desses personagens uma forma extremamente radical. De outro lado, o processo

que designaremos de neocolonialista, isto é, o envolvimento de potências como Estados Unidos, União Soviética, Inglaterra, França, Israel e outras, no processo de divisão internacional, fez de Angola no período pré e pós-independência um país ocupado e palco de interesses os mais diversos. A fase revolucionária, com a luta entre os sistemas socialistas da União Soviética e, do outro lado, da China Continental, acirrou o sentimento nacional dos angolanos de tal modo que, atualmente, na fase de reconstrução nacional, tanto os angolanos considerados de origem (os de cor preta) como os mestiços de portugueses e africanos, assim como aqueles descendentes de portugueses e outros povos europeus, possuem e demonstram um sentimento de xenofobia que nos pareceu extremamente ingênuo ou idealista. Consideram Angola o país mais importante do mundo, capaz de, no momento, se comparar a, e se bater contra, qualquer potência ou país em desenvolvimento.

O angolano comum, no momento, procura livrar-se de uma influência (ou melhor, de várias influências) considerada perniciosa para os originais do país. Essa influência refere-se à grande presença de elementos dos países do Leste, que descaracteriza a tradição cultural não só africana, mas também ultramarina. Isso, no entanto, não significa que deixou de existir entre as classes no poder uma crença sectária no marxismo-leninismo. Elas pretendem, entretanto, que esse marxismo-leninismo tenha um caráter angolano e, de modo mais abrangente, africano e internacionalista.

É aqui que se vê o forte sentimento nativista angolano que, para nós, se parecia com as diversas fases nativistas vividas pelo Brasil depois de 1822, ou seja, uma tentativa para se alinhar ao Terceiro Mundo, mas com características específicas, recusando a ingerência em seus negócios internos de quaisquer potências, sejam elas ocidentais ou orientais, o que nos pareceu de certo modo muito corajoso, por exemplo, quando recuaram diante da influência cubana e soviética.

O carinho e o respeito que os angolanos — não somente aqueles das classes no poder, como também membros das diversas etnias do país — dedicam às suas tradições e ao próprio rico solo angolano é de emocionar e fascinar o visitante que para aí se desloca.

Resposta 1.2
Não nos foi possível saber, in loco, como foi a reação ao elemento português durante a guerra de libertação angolana. Por notícias anteriores, sabíamos que esta foi muito forte, mas não podemos deixar de lado o fato de que, justamente pela situação moderna em que se desenvolveram, seus movimentos sociais de libertação tiveram como motores principais a forte pressão das organizações mundiais como ONU e Unesco contra o regime português, acrescendo-se a propaganda e as ações soviéticas contra o mesmo regime.

Soubemos e constatamos, no Museu da Escravatura, em Luanda, que, até os primeiros meses de 1975, os pretos angolanos, por exemplo, ainda apanhavam dos brancos por qualquer falta, além de muitos serem contratados como "escravos", indo algemados e surrados para minas e plantações nas ilhas de São Tomé e Príncipe, em Moçambique, em Timor e mesmo para a metrópole.

Entretanto, tivemos informações de que, no primeiro caso, a iniciativa partia menos de Portugal do que da política de infiltração das potências em luta de interesses no território angolano. Estas, atuando no seio da sociedade branca através de agentes de suas companhias de informação, acirravam os antagonismos entre angolanos de origem e aqueles descendentes de portugueses, os cristãos e não cristãos, frente às autoridades colonialistas, numa política típica dos movimentos revolucionários deste século, das novas técnicas do neocolonialismo econômico; e ainda há a guerrilha, o incentivo ao saque às populações chamadas burguesas.

De tal forma isso nos pareceu procedente como informação que muitas vezes, ao nos referirmos ao passado de Angola, citando como causas do seu atual *estado de coisas* o colonialismo português, os angolanos médios nos esclareciam dizendo: "Não foram os portugueses os causadores dessa situação"; e ao retrucarmos que seriam os metropolitanos os culpados, eles diziam-nos: "Esses jagunços que tomaram o poder em 1975...".

Vimos, portanto, neste terceiro ponto, como é extremamente complexa a compreensão do nativismo angolano frente aos seus antigos colonizadores. É certo que, em alguns momentos, esses mesmos informantes nos diziam que a luta armada e a expulsão dos elementos portugueses ou angolanos comprometidos com o antigo regime foram importantes para a nova face de uma Angola independente. Entretanto, eles mesmos demonstravam na prática cotidiana um certo saudosismo da época capitalista e histórica que não se coadunava com a notória adesão ao marxismo-leninismo que procuraram e procuram ainda impor à maioria do país. A saudade da época em que Luanda era a maior metrópole do Império colonial português era visível entre capitalistas decaídos, comunistas históricos e neófitos. Não nos pareceu no entanto que, se houve durante a fase de antagonismos aos antigos colonizadores movimentos do tipo "mata-marotos", essa possa ter sido uma situação orgânica de oposição entre angolanos e portugueses. Várias vezes ouvimos: "Houve portugueses e 'portugueses'". Nos parece mesmo que o antagonismo que houve partiu de algumas etnias que estavam em desvantagem frente a outras e deslocadas do poder na época do domínio colonial antigo, assim como partiu dos jovens. Nos pareceu que, no caso dos últimos, o antagonismo não era entre angolanos e portugueses, mas, como uma influência dos novos movimentos sociais ocidentais, era, sim, de negros versus brancos. Aquelas etnias que conviviam mais de perto com a cultura portuguesa mantêm ainda um certo respeito e mesmo um certo equilíbrio frente à cultura e às manifestações "metropolitanas", não nos sendo possível notar, principalmente entre os da etnia imbangala (etnia do Nordeste), os Cuanhama (etnia do Sul) e os Mbundu (uma das maiores etnias de Angola), antagonismo xenófobo diante dos descendentes de europeus que lá conhecemos.

Nosso contato com os exilados em Portugal nos demonstrou essa face *exótica* do nativismo angolano. Os exilados preferem, mesmo quando em antagonismo com os metropolitanos, se dizer descendentes de uma cultura e de um passado comum a Portugal. Sua grande esperança é desenvolver uma história e um contato cultural harmônico com Portugal, segundo o que eles consideram um padrão luso-brasileiro.

Resposta 1.3
A política colonialista portuguesa em Angola foi muito específica, diferenciando-se do padrão metrópole-colônia dos demais protetorados portugueses. Angola, assim como Cabo Verde, era para Portugal um verdadeiro laboratório para um tipo de

política administrativa de aproveitamento de quadros nativos. Por diversas razões que não nos cabe explicitar neste pequeno trabalho, foram mantidas as línguas consideradas nativas (nacionais), assim como o modus vivendi das diversas tribos e etnias que compunham o povo angolano.

Parece-nos que, dentro da política colonialista de "dividir para governar", Portugal, como as demais potências comprometidas no etnocolonialismo, manteve as hostilidades locais, conservando, nesse sentido, as divisões regionais tradicionais.

Assim, as denominações regionais foram mantidas, grosso modo, conservando-se os nomes das regiões, como Malanje, Luanda, Calomboloca, Moçâmedes, Cunene, Cassanje, Cabinda, Cuanza, Luanda, Bengo, Catete, Nganga Zuze, Cassoneca, Ícolo, somente para citar alguns toponímicos que nunca foram mudados durante o domínio do antigo regime e que ainda hoje permanecem. Assim, também, os indivíduos conservaram os nomes de família, ou seja, os nomes etnolinguísticos, mesmo que recebessem o nome cristão imposto pelas autoridades temporais e religiosas de Portugal e outras potências participantes da formação colonial. Podemos citar como exemplo nomes nativos de autoridades atuais: o comissário provincial de Luanda, Agostinho Mendes de Carvalho, não perdeu seu nome étnico de origem quimbundo, e chama-se Unhanhega Xitu; o poeta e coordenador-geral do Comissariado Municipal de Cacuaco, Armindo Francisco (Francisco é o seu sobrenome, e aos nomes cristãos que são sobrenomes vindos do prenome do avô, de um tio mais velho ou do pai, junta-se o nome nativo), nunca perdeu o seu nome de origem, Kianda (na língua kioco), que é seu nome étnico. Os dois foram educados em missões evangélicas.

Há estabelecimentos ainda com os nomes locais, como o principal palácio governamental, que se chama Palácio da Mutamba, o forte de origem portuguesa que guarda a baía de São Paulo de Luanda, a Fortaleza de São Miguel, embora sua designação oficial seja Museu de Forças Armadas.

No entanto, houve mudanças e o retorno de nomes que em determinados períodos tinham sido dados em homenagem a heróis portugueses, como a Escola Secundária Salvador Correia de Sá, considerado, pela nova ordem, um dos maiores agressores de Angola; houve a troca da denominação da cidade de Salazar, em N'dalatando, por razões óbvias.

Quanto à explicação da política oficial frente às mudanças ou permanências toponímicas da República Popular de Angola e a reação ao vocabulário português, preferimos citar trechos dos dois documentos já aludidos no preâmbulo, sobre a política linguística e cultural a ser adotada nessa fase de reconstrução nacional.

Angola, como já dissemos, procura sua unidade nacional, e um dos fatores para minimizar a desagregação que ora nos pareceu perigosa, pois o país está dividido em tribos e etnias antes de estar dividido em classes, é uma língua nacional, fator essencial de comunicação entre seus vários povos e províncias, e, logo, de integração nacional.

Resposta 2
Como já esboçamos em ocasiões já mencionadas, a classe ativamente política de Angola constituía-se de políticos e intelectuais. Uma classe cuja maioria era de jovens egressos de missões evangélicas ou católicas. Entre ela predominou o literato e o poeta. Nos parece que essa foi uma das formas mais incisivas

de difundir o pensamento político da independência política e econômica, o ideal de autonomia racial, cultural e social.

Essa produção constituiu uma linha ideológica deveras vigorosa, atravessando as fronteiras da colônia e da metrópole para outros países. A forma poética foi a mais forte arma de contestação da ordem, de defesa dos interesses dos oprimidos e de exaltação do nativismo angolano. O que nos surpreendeu durante nossa estada na República Popular de Angola foi que esse movimento tomou mais força, principalmente, após a revolução socialista. O pensamento político angolano se traduziu pela poética (com estilos épicos, porém mais fortemente exprimindo sentimentos essencialmente existenciais, biográficos e tribais), em disputa com os discursos exortativos e doutrinadores das autoridades do MPLA, que, este sim, se expressa através da fala cáustica e primária da linguagem marxista-leninista. A poesia, no entanto, é rica em suas imagens e rivaliza mesmo com as melhores produções da poesia moderna, expressa e veicula melhor que o discurso político o pensamento revolucionário e libertário da nação angolana.

O interesse e o exercício da poesia, assim como da composição musical de cunho popular, não parte somente dos poetas consagrados, mas da população de um modo geral.

Acreditamos que esse fenômeno em parte se deveu ao sentimento de exaltação nativista, mais bem expresso pelas letras. Mas, dada sua extensão e difusão, nos ficou patente que a pouca instrução formal e acadêmica dos angolanos — não só por ser uma colônia de Portugal, porém, mais recentemente, pelo isolamento cultural imposto pela ditadura do proletariado, que possibilitou uma maciça entrada da produção cultural soviética e de seus satélites, impedindo, em contrapartida, um contato profícuo com os tradicionais centros culturais do mundo e especialmente com o Brasil — transformou, pela não difusão pelos meios de comunicação de massas, principalmente da imprensa, como queríamos dizer, Angola numa sociedade rompida com os meios de desenvolvimento de sua própria cultura como cultura variante do Ocidente. Desse modo, a produção livre e espontânea do sentimento humano, e não só político como existencial, só obteve um canal de veiculação, aliás, dois: a literatura ficcionista e social e sobretudo a poesia.

Resposta 2.1
O político, como lutador na fase de libertação que ainda atravessa a República Popular de Angola, teve de se exercitar através do verso a fim de comunicar seus sentimentos e seu pensamento, por falta de outros veículos de comunicação, como já referimos. O literato e principalmente o poeta tiveram o papel político mais importante na luta, tendo todos eles sem exceção vivido longos anos na repressão, em masmorras e prisões lusitanas. Por outro lado, grande parte deles foi guerrilheira e empunhou armas, além de atuar em muitos países do Ocidente e do Oriente quando conseguiam escapar, temporariamente, das prisões, lutando na clandestinidade do exílio pela libertação do país através do verso.

    O principal líder da revolução e primeiro presidente da República Popular de Angola, Agostinho Neto, foi um dos melhores poetas de língua portuguesa da nova geração e, após sua morte, recebeu o título de Guia Imortal da Revolução em África. A exemplo de Lênin e de Mao Tsé-tung, sua poética pode ser compreendida como um verdadeiro roteiro para consolidar o pensamento da revolução angolana.

Resposta 2.2
Uma das providências para se nacionalizar o conhecimento, ou melhor, a produção intelectual angolana, foi a organização da União dos Escritores Angolanos (UEA), que, através do seu colóquio, procurou imprimir a face político-humanista da revolução.

Se essa não foi somente uma visão impressionista de nossa parte, a entidade, que tem quase todos os seus membros vinculados ao Conselho Federal de Cultura, no momento tenta uma guinada para o Ocidente, procurando suprir as lacunas culturais das etnias do país. Com isso entram em choque com a facção do Partido que mantém ainda uma linha extremamente soviética dentro do MPLA e, ao contrário da União, procura centralizar a cultura angolana segundo as imposições da mentalidade oriental. A UEA traduz seu pensamento segundo a possibilidade de preservação das diferenças etnolinguísticas e dos costumes culturais das diversas províncias. Como está demonstrado nos documentos anexos,* a nova mentalidade política dos humanistas angolanos busca uma forma menos traumatizante para as populações, no sentido de uma unidade de comunicação e ao mesmo tempo da tão almejada unidade nacional.

Resposta 2.3
Esta última resposta creio que pode ser vista pelas anteriores. Para concluirmos, transcrevemos trechos de uma poesia de Armindo Francisco.

---

* Os anexos não foram localizados. (N. O.)

A luta continua[1]

A luta continua porque estou farto da fome
A luta continua porque estou farto da miséria
A luta continua porque estou farto de calúnia
A luta continua porque estou farto de ser estúpido

Há quinhentos anos que sou analfabeto
Não sou ninguém
Não tenho fome
Há quinhentos anos que sou rapaz
Mesmo aos cem anos

Há quinhentos anos que sou espancado
Há quinhentos anos que sou esborrachado

O meu pai chama-se rapaz
A minha mãe ó Maria
O nome da minha irmã é rapariga

A luta continua porque estou farto da fé e do Império
Das civilizações ocidentais
Das religiões hipócritas
Estou farto de ser sub-homem
Estou farto de ser ignorante e ignorado

A luta continua porque estou farto de esperar
Estou farto das migalhas
A minha terra tem maná, leite e mel e não como
Tenho fome de séculos

Já não suporto os ladrões do meu pão
Já não suporto os ladrões da minha força
Já não suporto os ladrões das minhas riquezas

Ainda ontem na minha rua alguém pedia esmola

A luta continua porque do oceano ao leste
A quitandeira ainda grita: laranja, laranja minha senhora

A lavadeira ainda diz: bom dia minha senhora
A luta continua...

17. O movimento de Antônio Conselheiro e o abolicionismo: Uma visão da história regional*

Introdução

A história dos grupos subordinados é sempre enfocada como eventos exóticos, uma sub-história da história oficial, embora esses eventos, considerados do ponto de vista de outras disciplinas, como a sociologia e a antropologia, englobem-se na categoria de movimentos sociais. A história não os analisa segundo suas variáveis sincrônicas e diacrônicas. Quer dizer, a visão da história oficial é de que esses fatos são atemporais e sem continuidade no espaço de uma determinada estrutura histórica.

Essa história oficial, escrita a partir da visão do vencedor, baseia-se, grosso modo, no que se refere às fontes, em documentos coligidos à época da repressão das instituições do Estado a esses

---

* Este texto tem duas versões: uma curta e outra mais extensa, complementada com notas. A primeira compõe o relatório do projeto de pesquisa "Sistemas sociais alternativos organizados pelos negros: Dos quilombos às favelas". A mesma versão foi publicada postumamente na *Revista do Patrimônio Histórico e Artístico Nacional*, em 1997. A outra versão, aqui utilizada, foi um trabalho apresentado no Grupo de Trabalho Temas e Problemas da População Negra no Brasil, no v Encontro Anual da Anpocs, em Nova Friburgo, de 21 a 23 de outubro de 1981. (N. O.)

movimentos sociais. As fontes em geral são correspondências de indivíduos da classe dominante, relatórios de autoridades civis e religiosas locais e relatórios de expedições de combate. Portanto, outras fontes, como as orais e — mesmo que existam — documentos dos próprios reprimidos não são utilizadas ao se escrever a história. Os grupos subordinados no Brasil têm sua história incompleta e mal interpretada, carecendo de uma visão de acordo com sua experiência real de vida.

No exemplo do movimento conselheirista, foi justamente o evento da repressão e do extermínio do Arraial de Canudos que se inseriu na história do Brasil, excluindo-se de certo modo seu sentido de movimento de alguma duração na dinâmica da estrutura socioeconômica, política e ideológica do país naquele momento. Ele foi visto sempre como um fato isolado que mobiliza a repressão do centro por ser uma reação a algo considerado "maior", a proclamação da República. Ou seja, estuda-se Canudos como a reação intempestiva de fanáticos e bandidos, reação que é sustada em 1897, porque se tratava de um apêndice das consequências da clivagem jurídico-política que se deu no sistema administrativo do país, o republicanismo vitorioso. Não se vinculou o movimento de Conselheiro à dinâmica temporal e às condições estruturais e conjunturais da região onde ele se deflagrou.

O presente trabalho é uma tentativa modesta de analisar o movimento de Conselheiro no seu espaço mais amplo, enquanto acontecimento histórico de uma determinada região do país, e em sua interação com a história total do Brasil.

Esclarecemos que vamos preferir o termo movimento conselheirista ou movimento de Antônio Conselheiro em lugar de Guerra de Canudos (como é tradicionalmente designado pela história do Brasil) pela dimensão que pretendemos dar a esse estudo do ponto de vista de sua sincronia e diacronia, o que significa sua inserção real na história do Brasil.

De acordo com o enfoque que adotamos, vamos nos situar um pouco recuados no tempo. Tentaremos acompanhar Conselheiro a partir de 1874, quando ele está em Jeremoabo, procurando considerar o que, em termos históricos, se desenrola naquela região (Nordeste) e quais as suas articulações com as demais regiões do país, com o poder central e com o projeto político dos centros de decisão. Em outras palavras, situaremos o estudo entre o período que vai de 1850 a 1888, época da abolição da escravatura: as ligações que Conselheiro e seu movimento podem ter com este momento crucial de mudanças sociais, a articulação de seu movimento com outros do tipo quilombo, fugas de ex-escravos, imigração sazonal (seca de 1877) e a abolição final do cativeiro.

Brasil: um projeto de estado nacional

As diferenças e as desigualdades regionais que caracterizaram a colônia portuguesa instalada neste lado da América foram, e ainda são, fenômenos que criam um certo impasse no que se refere à formação econômica, social e política entre nós. A historiografia tradicional, ao se debruçar sobre essa questão, tratou-a sempre em função dos chamados ciclos de desenvolvimento econômico. Assim, estamos ainda acostumados a ver o Brasil como momentos de hegemonia econômica de uma região sobre a outra. O Nordeste se sobrepõe às demais regiões no ciclo da cana-de-açúcar, do algodão e depois do cacau. O

Sudeste, representando o ciclo da mineração, se sobrepõe num determinado momento ao próprio Nordeste. Por fim, o mesmo Sudeste se sobrepõe ao Norte, ao Nordeste e às outras regiões com o ciclo do café. Atualmente, com o desenvolvimento do setor industrial, localizado no Sudeste e no Sul, essas duas regiões se sobrepõem às demais, numa hegemonia que dura mais de um século.

Essas diferenças e desigualdades provocaram sempre tentativas de solução a partir dos níveis jurídico-político e ideológico, buscando-se uma unidade que sempre foi difícil de estabelecer.

Há cerca de mais ou menos meio século, antes da proclamação da República, desde a transposição da administração do Império português para o Brasil (1808), um projeto se esboça, pelas classes dominantes, de formação do Estado nacional, no sentido em que se formaram os Estados nacionais europeus. Esse projeto não atenta para as diferenças regionais, ou, por outro lado, procura de formas muitas vezes agressivas (adesão à independência) unir todas as regiões do Brasil num Estado único em função da hegemonia de uma região sobre a outra.

Durante grande parte do século xix, com marchas e contramarchas, esse projeto político visa o fortalecimento do aparelho estatal, alternando momentos de unitarismo (centralização) com momentos de autonomismo regional (federalismo). A partir do Segundo Reinado, o processo de formação do Estado no Brasil é caracterizado tomando-se por base o interesse das classes dominantes do Sudeste, em detrimento de segmentos dessas mesmas classes em outras regiões, como o Nordeste.

Entre 1840 e 1870, que corresponde, no nível jurídico-político, à consolidação da monarquia unitária, portanto do centralismo contra o autonomismo (Lei interpretativa de 1840, restringindo o Ato Adicional de 1834), [verifica-se um período que] reflete a dominância do café escravista. Verifica-se hoje que a noção de decadência, notadamente em se tratando do Nordeste açucareiro e algodoeiro, na realidade era muito mais uma visão da classe proprietária não direta, presa [mais] a uma perspectiva agroexportadora, do que um declínio. O que parece ter havido foi uma transferência do polo de dominância em função das transformações ocorridas no mercado internacional. Tanto que os setores da classe escravista do Nordeste continuaram influindo, apesar da crise na economia de sua região, tendo mesmo condições para ajustar a sua atividade produtiva na transição que se opera no capitalismo. Um exemplo típico disso foi a transformação do engenho tradicional manufatureiro em engenho central e depois em usina. No nível jurídico-político houve um remanejamento da participação dos diversos setores escravistas no exercício do poder. Enquanto as áreas abertas à exploração do café competem e dividem o Sudeste (por exemplo, são tímidas as propostas abolicionistas), as demais regiões, principalmente o Nordeste, antes escravistas, assim como outros setores regionais, optam pelo abolicionismo.[1]

Esse quadro de diferentes conjunturas entre regiões brasileiras pode, a nosso ver, explicar movimentos sociais que, em última instância, são de oposição a esse estado de coisas. O movimento de Antônio Conselheiro foi o mais significativo da época, e se esboça num quadro de maior amplitude, no qual também ocorrem o roubo, a imigração e outras formas de oposição:

A fonte básica de bandidos, e talvez a mais importante, se encontra naquelas formas de economia ou de meio ambiente rural onde a procura de mão de obra é relativamente pequena, ou que são demasiado pobres para empregar todos os seus homens aptos, em outras palavras, na população rural excedente. [...] tendem a criar suas soluções institucionalizadas nas sociedades tradicionais: emigração sazonal, rapina e banditismo.[2]

Ora, entre 1850 e 1880, a produção do café reproduziu o trabalho baseado na mão de obra escrava, através da aquisição das regiões agroexportadoras, que enquanto tal não tinham condições para manter o escravo na situação anterior (o surgimento do engenho central e da usina como ajustamento da atividade produtiva das províncias nordestinas). As usinas liberam mão de obra escrava que é vendida para as províncias do Sudeste, dependentes do mercado externo e que mantêm uma supremacia conjuntural, sem possibilidades de outras opções a não ser a atividade agroexportadora representada pelo café.

Por outro lado, o problema da concentração de terras no Nordeste, naquele momento, em função das novas relações de produção, provoca o deslocamento das populações empobrecidas, criando uma situação potencialmente evolutiva:

> Do ponto de vista social, parece que banditismo ocorre em todos os tipos de sociedade humana que estão numa fase de transição para o capitalismo agrário.
> [...]
> Por motivos mais óbvios, o banditismo surge provocado pela falta de terras.[3]

O sertão do Nordeste era uma área em que a concentração de terras passara a ser um fenômeno acirrado, com o surgimento do engenho central e da usina, formas capitalistas de produção mais avançadas que a atividade tradicional, a do engenho, conhecido como banguê. O barão de Jeremoabo, ao lado de alguns poucos grandes proprietários da região, concentrava em suas mãos grande parte do município de mesmo nome. Canudos, onde mais tarde o Conselheiro vai se fixar com sua gente, em 1854, era uma única fazenda de gado de propriedade da baronesa de São Francisco.[4] Esses dois exemplos demonstram como o problema da terra era um fator básico para o surgimento de tipos de movimento social que, desde esse momento até mais ou menos o fim das primeiras décadas do século xx, se sucedem, representando um perigo constante do ponto de vista socioeconômico e político-institucional para o poder decisório do centro hegemônico, representado pelos interesses das classes dominantes do Sudeste, com seu projeto de Estado nacional centralizado.

O início do processo abolicionista: a extinção do tráfico negreiro africano

O ano de 1850 marca o fim do tráfico negreiro africano no Brasil. Essa extinção deu-se mais por pressão inglesa — que, através do policiamento, provocou o aumento do preço do escravo — do que por uma atitude das classes dominantes do Brasil, de excluírem o escravo das atividades produtivas.

Um dos maiores problemas que sempre enfrentou a agricultura brasileira foi a escassez de mão de obra. O fechamento do tráfico internacional foi somente uma das causas da escassez na segunda metade do século XIX. A causa mais importante foi a diminuição da taxa de crescimento vegetativo da população escrava, ao lado de uma progressiva taxa de mortalidade. Como indicamos, anteriormente a solução para o problema fora o deslocamento de populações escravas do Norte e Nordeste para o Sudeste cafeicultor, mais carente de mão de obra.[5]

O tráfico interprovincial na origem de movimentos sociais no Nordeste na segunda metade do século XIX

Segundo José Calasans, no opúsculo *Antônio Conselheiro e a escravidão*, o problema servil foi inteiramente ignorado por Euclides da Cunha no ensaio sobre a guerra de Canudos, e o autor pergunta:

> O histórico episódio do Belo Monte [...] poderia ter ocorrido sem a participação do ex-escravo, do homem que alcançara sua liberdade pouco antes da grande migração nordestina? [...] [o Conselheiro não seria] portador de uma mensagem a respeito da escravidão e da monarquia, os dois maiores problemas do seu tempo?[6]

Tentaremos a partir deste ponto esboçar uma análise que procure responder a essas perguntas. Tomaremos por base a primeira parte da primeira questão, porém fazendo um desdobramento.

1. O primeiro desdobramento refere-se ao momento em que esses ex-escravos participariam do movimento de Antônio Conselheiro.

Ao levantarmos os dados demográficos do Recenseamento Geral do Brasil de 1872, constatamos que nos onze municípios da Bahia onde, a partir de 1874, Antônio Conselheiro vai recrutar seus adeptos há uma população de 102 789 pessoas pardas e pretas livres para 36 118 brancos. Isso dá uma proporção de aproximadamente 60% de homens e mulheres pardos e pretos com os vínculos cortados com a escravidão. Por outro lado, a população escrava desses mesmos municípios é de aproximadamente 17 mil homens e mulheres pardos e pretos, o que nos proporciona a visão de uma população tanto livre quanto escrava de maioria negra.

No período em que Conselheiro começa sua peregrinação pelo interior dos estados de Sergipe e Bahia, vindo do Ceará, o Nordeste desloca populações escravas para a região Sudeste através do tráfico interprovincial.

> A migração forçada dos escravos brasileiros que se seguiu à supressão do tráfico negreiro africano começou pelas plantações, fazendas e cidades do Norte, e este movimento vai desde 1851 à sua virtual abolição pelas legislaturas provinciais em 1881. [...]
>
> As províncias nordestinas vendem escravos ingênuos (beneficiados pela Lei do Ventre Livre) cujos fazendeiros empobreceram ou transformaram suas atividades produtivas. [...] Este comércio em brutalidade e sofrimento é similar ao comércio africano. [...]
>
> Os escravos vinham acorrentados, muitas vezes por terra, pelos sertões de Pernambuco, Paraíba, Bahia e Minas Gerais para serem vendidos no Rio de Janeiro e em São Paulo. Há notícias de que esses infelizes muitas vezes tentavam e conseguiam fugir no trajeto.[7]

Jornais da Bahia no século passado dão informações de que os escravos domésticos viviam em constante terror por temerem ser vendidos para as plantações do Sul:

As recompensas oferecidas pela devolução de escravos fugidos, em 1878 e 1879, nos jornais do Ceará, indicam que os preços no comércio negreiro interprovincial eram mais elevados do que as condições econômicas locais justificavam".[8]

Ora, é conhecido que, nos momentos em que esses deslocamentos de populações se fazem de uma província para outras durante o período escravagista, não se poupavam negros já libertos, nem índios, nem caboclos. Também pode-se inferir que as populações livres, mesmo os brancos, não tinham condições de conseguir trabalho senão no regime de contratos, o que não ficava muito longe do regime de trabalho escravo.

A referência nas citações anteriores aos fugidos durante o tráfico interprovincial leva a uma hipótese, não de todo infundada, de que esse comércio, tanto quanto a concentração da terra, provoca um excedente de mão de obra livre e escrava que vai procurar alternativas de sobrevivência fora do sistema em vigor. De um lado, esse excedente, levado pelo receio de reescravização (pois em algumas províncias do Norte e Nordeste os laços da escravidão tinham se afrouxado), abandona seus lugares de origem e "vagueiam pelo sertão". De outro lado, o empobrecimento de populações livres, mesmo de pequenos fazendeiros pobres, sem condições de se dedicarem a uma ocupação rendosa, fez com que também elas busquem alternativas em outras localidades onde possam sobreviver melhor. "Muitos desses fazendeiros em dificuldades abandonam suas antigas propriedades acompanhados de seus escravos".[9]

Esse processo de transformação da economia nordestina determina uma desorganização social que se reflete na marginalização dessas populações num clima potencialmente de conflito social, ao mesmo tempo que provoca um desequilíbrio latente na ordem institucional do centro.

Mostramos que movimentos sociais como o de Antônio Conselheiro encontram nessas condições terreno fértil para se desenrolar. O próprio Conselheiro, mesmo não sendo originário de camadas que naquele momento se sentem pressionadas pelo processo descrito, não pode fugir ao reflexo da situação caótica em que se encontram os diversos setores de classes e indivíduos (agentes sociais) no Nordeste brasileiro. Um fato significativo do envolvimento de Antônio Conselheiro com os problemas dessas populações é a alusão que se faz à sua vestimenta de peregrino. Ele usa um camisolão de tecido chamado "azulão", ao que tudo indica um tipo de brim americano usado para envolver fardos. Conrad, citando um viajante que observa os escravos vindos do Nordeste para serem vendidos no Valongo, diz: os escravos "todos vestidos com uma roupa uniforme de algodão azul".[10]

Esses escravos eram embarcados geralmente no Ceará. Essa província foi o principal entreposto do tráfico negreiro interprovincial.

O Ceará, em 1880, ainda era um empório de comércio negreiro nordestino de escravos reunindo nas suas praias os escravos tanto das províncias vizinhas quanto aqueles de seu próprio interior para deportação para o Sul. [...] Em maio de 1883, o Ceará já era um refúgio de fugitivos das províncias vizinhas [...]. Queixas contra os protetores de fugitivos, no Ceará, começaram vindo de

Pernambuco, Rio Grande do Norte e Piauí, as três províncias com fronteiras com o Ceará, e os protestos depressa foram ouvidos até o Rio de Janeiro.[11]

O fato de Antônio Conselheiro proceder do Ceará nos parece ser outro aspecto de grande significação, na medida em que essa província foi o ponto principal de onde se irradiava não só o deslocamento de populações escravas, mas também de populações livres empobrecidas. Os efeitos desse tráfico nas províncias do Nordeste possibilitaram o recrudescimento de quilombos, fugas e aglutinações. A formação e o estabelecimento de quilombos é um fenômeno que acompanha toda a história do Brasil e se espalha por todo o espaço geográfico brasileiro do século XVI ao XIX.

As causas gerais para o estabelecimento de quilombos, segundo seus estudiosos, são: a) a rejeição aos maus tratos impostos pela escravidão; b) a crise no sistema econômico, e suas implicações políticas, que vai se refletir num afrouxamento do controle exercido pelas instituições escravistas sobre a mão de obra.

Ora, o período estudado fornece um bom exemplo dessas duas causas. Entretanto, e em contrapartida, ao mesmo passo que há um afrouxamento sobre a mão de obra nas regiões de origem, há também uma pressão sobre as populações no sentido da reescravização. Esses fenômenos, atuando a um só tempo, provocam, por parte dos indivíduos, uma reação a esse estado de coisas que os leva a buscar novas alternativas de sobrevivência econômica, política e social. Os quilombos nesse momento da história do Nordeste devem ter proliferado principalmente nos sertões de Pernambuco, Bahia, Alagoas e Sergipe (pois os três fatores acima descritos estão na origem da formação dos quilombos, o que vai ser posteriormente provado na tese que defenderemos).

Manuel Benício, citado por Calasans, justificando que a única reforma nas instituições que Antônio Conselheiro aceitou foi a escravidão, sugere: "Talvez porque grande parte de quilombos e macumbeiros* acaudalassem sua errante cruzada".[12]

Não diz, porém, Manuel Benício desde que momento esses quilombolas e mocambeiros se introduzem no movimento conselheirista. De um modo geral, a bibliografia deixa transparecer que é às vésperas da abolição. Mas se Conselheiro começa suas atividades no início da década de 1870, e nesse período os problemas sociais causados pelo tráfico negreiro interprovincial se refletiam de modo contundente sobre as populações pardas e pretas do Nordeste, podemos levantar a hipótese de que esses grupos de fugitivos ou de negros livres aquilombados o acompanham, pelo menos quando ele se fixa em Jeremoabo e Mucambo, hoje Olindina.

Pedro Tomás Pedreira, baseado em documentos do Arquivo Público de Salvador, ao citar os quilombos da Bahia, registra Jeremoabo e Monte Santo como dois quilombos desta província. Entretanto, não pudemos identificar a data do estabelecimento dessas organizações ou pelo menos a data da sua destruição.[13]

José Aras informa que Canudos era uma localidade que no princípio fora reduto de foragidos: "Pelo talvegue do rio Tapiranga (Irapiranga, o nome antigo do Vaza-Barris) subiam escravos foragidos das usinas de Sergipe e Alagoas (Palmares) para se refugiarem em Canudos".[14]

Esses fugidos dedicavam-se às artes de ferreiro e carpinteiro e, "quando os moradores das vizinhanças precisavam de consertos de armas, iam a Canudos, o mesmo acontecendo

---

* O termo correto deve ser mocambeiros, de mocambo, que é o mesmo que quilombo.

com aqueles que procuravam vingadores (jagunços, termo que recebem os seguidores de Conselheiro)".¹⁵

A composição populacional que atribui genericamente ao quilombo o qualificativo de núcleo de facínoras e vingadores pode ser compreendida por essa citação de Hobsbawm:

> De outra parte, o banditismo social constitui fenômeno universal, que ocorre sempre que as sociedades se baseiam na agricultura (inclusive economias pastoris), e mobiliza principalmente camponeses e trabalhadores sem terras, governados, oprimidos e explorados — por senhores, burgos, governos, advogados, ou até mesmo bancos.¹⁶

Pelo que foi exposto, vimos como o Nordeste brasileiro, nas condições históricas em que se encontrava, era um campo fértil não só para o surgimento de movimentos sociais do tipo quilombo, mas, e principalmente, para movimentos de maior cunho político, como foi o de Antônio Conselheiro. Movimento que se acirra a partir da abolição da escravatura, quando a esse quadro demográfico que analisamos junta-se agora aquele decorrente do desemprego de milhares de escravos, que antes ainda se mantinham, por força da legislação, dependentes dos seus senhores.

2. Quanto ao segundo desdobramento à pergunta antes referida, trata-se de estabelecer o momento crucial em que ocorre a chamada "grande migração nordestina". A seca de 1877, ainda dentro do período de legalidade do tráfico interprovincial, desloca populações das províncias atingidas pelo fenômeno geográfico para várias regiões do Brasil. Houve inclusive maior expansão do comércio negreiro em função da seca:

[O]s preços caíram drasticamente no Norte, em especial na empobrecida província do Ceará, e os proprietários de escravos [...] aceitavam tudo o que lhes fosse oferecido. Uma indicação da amplitude da exportação de escravos no Ceará durante a seca é-nos dada pelo elevado tributo que o governo provincial recolheu em 1879 dos impostos cobrados pelos escravos que eram embarcados. Nesse ano a receita da província no que se refere a esse item foi quase quatro vezes o que fora quatro anos antes. Essa expansão rápida chegou a pôr em perigo o equilíbrio do sistema de escravos.[17]

O equilíbrio do sistema econômico como um todo no Brasil se encontra, em várias conjunturas, sempre em crise profunda pelas diferenças regionais. Um exemplo disso é que Ceará e Amazonas abolem o estatuto servil antes das demais províncias. Enquanto o Sudeste, ainda não tendo completado seu projeto imigracionista com a entrada de europeus para a lavoura do café, resiste à abolição, o Nordeste, liberado parcialmente da mão de obra escrava e livre excedentes, se adianta em algumas províncias no projeto de extinção do regime escravagista.[18] Isso coloca em perigo o equilíbrio do centro de decisão do unitarismo monárquico, que procurara sempre equilibrar jurídica e politicamente as diferenças e os conflitos regionais em função da união nacional. A esses fatores junta-se a pressão das massas do campo e das cidades das províncias nordestinas, num grande processo de migração, pressionadas pela seca de 1877.

Embora, como se sabe, grande parte dessas populações nordestinas tenha se dirigido para as frentes de expansão da borracha na Amazônia, não foram poucos os que foram para o Sudeste. Esse processo de imigracionismo interno, paralelo ao imigracionismo externo, pede um estudo mais amplo em relação às suas implicações sociais e ideológicas na história do final do século xix. O imigracionismo externo foi o mais desejado pelas classes dominantes, tanto no Sudeste (a região mais interessada) como no Nordeste. O imigrante europeu foi preferido em detrimento do nordestino e do negro não só para solucionar a questão da passagem para o trabalho livre e assalariado, como, e mais sério que isso, por haver um consenso ideologicamente racista das classes no poder de que ele era mais apto para o trabalho que os brasileiros negros e brancos, e de que sua origem europeia contribuiria para civilizar e embranquecer o Brasil.

Sabemos também que o trabalhador nordestino não era considerado o "melhor" para as plantações do Sudeste ou outras atividades nesse processo de transição, em função fundamentalmente de causas ideológicas: a crença na sua inércia, inaptidão e em sua inferioridade biológica. Esse abandono das populações migrantes do Nordeste, que em última instância vai desequilibrar o próprio sentido de união nacional, pode também ser considerado como fator para o surgimento de Conselheiro, que aglutina em torno de si os povos sofridos que só encontram uma saída: o estabelecimento de sociedade baseada num sistema tradicional. Esse sistema é incompatível com o capitalismo em que parte do Brasil, principalmente o Sudeste, está então ingressando. Os laços de solidariedade, compadrio, parentesco e outros mais, típicos de sociedades camponesas não capitalistas, são as instituições que esses imigrantes estruturam em torno de Conselheiro, no seu trajeto até o Arraial de Canudos. Daí a repressão a esse movimento pelos poderes centrais. Repressão que, a nosso ver, se fez pelo receio de um separatismo regional, que o Nordeste poderia demandar, não fosse a aliança feita entre as classes dominantes, principalmente as lideranças políticas, tanto ao Norte e Nordeste quanto ao Sul. Com essa aliança conclui-se às pressas a abolição da escravatura e logo depois proclama-se a República, com seu projeto federalista e de maior autonomia regional, que afinal não se conclui antes da repressão a movimentos como o do Rio Grande do Sul, durante a Revolução Federalista, e principalmente do extermínio de Conselheiro e sua gente.

Quando da abolição da escravatura, solução verificada somente no nível jurídico, esse processo de mudança aqui descrito continua no seio das classes dominadas. Desse modo o movimento de Conselheiro acirra-se, agora com o acréscimo de populações ex-escravas, beneficiadas pela Lei de 13 de maio de 1888. Esses ex-escravos eram chamados na época de "o povo de 13 de Maio". Tanto o barão de Jeremoabo, em carta de 4 de março de 1897,[19] como um certo José Américo, numa carta de 28 de fevereiro de 1894,[20] falam desse reforço demográfico que recebe o movimento de Antônio Conselheiro, ambos chamando a atenção para o perigo que representava tal fenômeno para a ordem estabelecida, ou seja, a adesão da massa ex-escrava sob liderança de Antônio Conselheiro.

Conclusão

O silêncio sobre a composição étnica dos adeptos de Conselheiro reflete uma posição constante na história do Brasil. De um modo geral essa história oficial procura negar a existência desses componentes em todos os movimentos sociais ou políticos do passado. Salvo as revoluções da Bahia no final do século XVIII e primeiras décadas do século XIX,* assim como a Balaiada no Maranhão e a Cabanagem no Pará, a impressão que se tem é de que índios e negros não se insurgem contra a ordem estabelecida. Entretanto, é difícil aceitar que, num país de maioria populacional de não brancos, e sofrendo grandes vicissitudes, eles não estivessem presentes de algum modo em movimentos sociais de grande amplitude.

Levantamos para este trabalho a composição étnica escrava e livre dos onze municípios sob influência de Antônio Conselheiro, que anexamos ao texto para uma demonstração da quantidade de negros que viviam nesses municípios. O Recenseamento Geral do Brasil de 1872 traz os dados de raça, sexo e profissões por freguesias e municípios. Entre as raças encontramos: brancos, pardos, pretos e caboclos, divididos segundo homens e mulheres. Entre os escravos encontramos pardos e pretos também divididos segundo homens e mulheres. Desse modo, elaboramos as tabelas que se encontram em anexo.

Esses dados nos deram uma visão capaz de inferir que o movimento conselheirista contou não só com a presença do ex-escravo, mas também com populações pardas e pretas livres, enquanto ele durou. Demonstra-se assim que o trecho de um manuscrito intitulado "Tempestades que se levantam no Coração de Maria", de Conselheiro, em que ele refere-se à abolição, tem sua razão de ser na medida em que ele tinha um contato muito direto com essas populações.

---

* Pode-se inferir que a autora tem em vista as seguintes revoltas: a dos Alfaiates (1798), a Revolução de 1814 e a Revolta dos Malês (1835), dentre outras. (N. O.)

Todos os municípios que receberam influência de Antônio Conselheiro têm quantidade maior de pardos e pretos do que de brancos ou caboclos: Conde, Abadia, Inhambupe, Entre Rios, Alagoinhas, Itapicuru, Soure, Pombal, Tucano, Monte Santo e Jeremoabo têm sempre uma proporção maior de pardos e pretos livres e pardos e pretos escravos do que de componentes de outras etnias.

Anexo

Distribuição da população escrava por municípios em relação ao sexo e à raça. Recenseamento de 1872

Municípios	Total	Homens	Mulheres	Pardos	Pretos
Conde	1177	711	466	460	717
Abadia	669	363	306	276	393
Inhambupe	2665	1487	1178	858	1807
Entre Rios	2611	1335	1276	751	1860
Alagoinhas	3763	1887	1876	1750	2013
Itapicuru	1324	710	614	542	782
Soure	385	272	113	156	229
Pombal	624	369	255	253	371
Tucano	770	377	393	233	537
Monte Santo	1881	939	848	843	1038
Jeremoabo	1460	806	654	597	863
Total	17329	9256	7979	6719	10420

Fonte: *Recenseamento Geral do Brasil*, 1872.

População livre em relação ao sexo à raça nos onze municípios sob a influência do movimento de Antônio Conselheiro, 1872-90

	Total	Homens	Mulheres
Brancos	36 118	19 306	16 812
Pardos	76 199	39 777	36 422
Pretos	26 590	13 793	12 797
Total	138 907	72 876	66 031

Fonte: *Recenseamento Geral do Brasil*, 1872 e 1890.

PARTE IV

Movimento negro e cultura

18. Daquilo que se chama cultura[*]

No ENSAIO *Moisés e o monoteísmo*, Freud arrisca-se a adentrar num campo, se não estranho, surpreendente.[1] No decorrer da leitura desse texto, chama-nos a atenção, de nosso prisma leigo, que um psicanalista, concebido como interessado mormente na problemática individual, enverede pela trajetória mítico-religiosa da comunidade à qual pertencia. Faz-se curioso notar o fato de um judeu ilustre tentar explicar, psicanaliticamente, a origem e a função do mito do herói exatamente sob a égide ameaçadora do nazismo. Surpreende-nos não só a temática, o mito do herói, mas também o momento histórico no qual Freud se debruçou sobre ela. Seria possível estabelecer uma conexão entre esses dois elementos? É o que procuraremos investigar.

Interessa-nos apurar até que ponto o ensaio *Moisés e o monoteísmo* poderia ser considerado produto da crítica da identidade pessoal e cultural do autor. Como poderíamos compreender seu interesse pela análise do herói civilizador enquanto componente psicossocial de um grupo contestado e perseguido?

---

[*] Este ensaio, de 1985, foi produzido após o principal tempo de pesquisa da autora acerca dos quilombos. É uma questão acrescida em suas reflexões — o mito, o herói — e mais uma interface aberta, desta vez com a psicanálise, como fizeram mais detidamente suas contemporâneas Neusa Santos Souza e Lélia Gonzalez. (N. O.)

Por que Freud foi movido a investigar as raízes do sentimento que liga um povo a seu herói?

Partindo da sua concepção do parricídio primal, Freud tece um esboço procurando explicar o sentimento de culpa inconsciente como deflagrador do reconhecimento e da adoração do mito. Esse "Moisés freudiano", um egípcio que migra, após a derrocada do culto de Áton, para as regiões da Mesopotâmia, torna-se um inovador, inicialmente rejeitado, trazendo a unificação das expectativas daquelas tribos pelo monoteísmo. É justamente por seu papel de civilizador contestado enquanto ator que, só após seu desaparecimento, ele pode ser alçado ao lugar de iniciador do processo de civilização e cultuado, através da história, como herói. Assim, é nesse espaço criado pela passagem de renegado a figura exponencial que Moisés repousa simbolicamente na lembrança de seus descendentes: entre o ressentimento e o reconhecimento.

Cremos que possamos transpor essa reflexão para o Brasil dos anos 1970, momento histórico da instalação da luta negra pela entronização de um herói na dinâmica conceitual de suas vidas. Esse movimento, ainda incompreendido em sua função agregadora de uma identidade cultural brasileira, propôs-se lutar contra o racismo. Nesse sentido, a pesquisa, a procura de um herói civilizador e legitimador da luta, foi de importância crucial. Esse herói configurou-se na figura mítica de Zumbi dos Palmares. Dentre o reduzido número de pessoas interessadas na cultura negra, ninguém enfocou o fenômeno "Quilombo/Zumbi dos Palmares" em seus aspectos psicológicos: a necessidade da ênfase na figura de um herói.

Perguntamo-nos por que um povo carente, discriminado e com parcos recursos educacionais procurou, dentre as múltiplas formas de crítica às relações do sistema, retomar um mito histórico. A que simbolismo isso nos remete? Seria incorreto opinarmos que o resgate da figura histórica baseia-se num complexo de culpa, analogamente à análise freudiana de Moisés? De qualquer maneira, é a resolução de um "complexo" o que aparenta levar os interessados a revigorar a imagem positiva do mito, previamente associada a um bandido. Talvez essa seja a forma de alcançarmos, também, uma autoimagem positiva. Se não houver culpa ligada a um passado de escravos, há um complexo interpretativo em que a identificação total com o fraco, o vencido, o oprimido, o inumano é insuficiente para, no nível da luta do dia a dia, contrapor-se às novas formas de discriminação. Esse enfrentamento, em última instância, requer o reforço do ego.

O mito da terra prometida — o Quilombo dos Palmares — e a edificação do herói Zumbi, civilizador de uma cultura negra, atraem outras codificações que não as já estereotipadas pela tradição e pela história. À sombra desse mito recriado circulam outras manifestações até então ocultas, tais como as religiões afro-brasileiras, conduzindo à compreensão, na linha do tempo, da vinculação de nossos ancestrais com nossa história de vida. Daí a extrema importância assumida pela comprovação da existência terrena, histórica, daquele escolhido como herói civilizador da cultura negra brasileira, dado que esse herói poderia ser compartilhado dentre os aqui nascidos: negros, índios e brancos também. O mito surge, então, do real para o simbólico, e o herói seria mormente um conciliador banido da própria história do Brasil, ele preencheria a lacuna daqueles que, vivos, em vinte anos (1964-84), foram cassados em seus direitos individuais e privados de seus símbolos coletivos. A culpa pelo parricídio poderia ser atribuída a um setor específico da sociedade, a saber: os representantes das sequelas da moral colonial que assassinou e baniu Zumbi dos Palmares.

Lembramos a citação de Bertolt Brecht: "Infeliz do povo que necessita de heróis". Enquanto necessitarmos criar e recriar heróis, codificar e recodificar símbolos, somos, ainda, muito infelizes.

19. Atualizando a consciência*

> Que a esquerda seja menos livresca e mais objetiva, no sentido prático, de passar a consciência para a base. Para que assim ela se represente grupalmente, e não a figura de pessoas que se pressupõe representá-las.
>
> Manei, artista plástico e militante do movimento negro

A QUESTÃO RACIAL ATRAVESSA todo o edifício de nossa sociedade. A solução cada vez mais depende da luta pela institucionalização do movimento negro (associações de todos os tipos, entrada em partidos, igrejas e no Estado).

As relações intrínsecas do movimento negro com as esquerdas estão baseadas nesse megaconflito nacional. Entre 1974 (ano do início das discussões negras) e 1977, nossos embates foram muito francos. Todos queríamos romper o arbítrio, e foi o movimento negro que inaugurou a proposta do materialismo dialético. Nosso discurso e nossas reflexões sobre o real usavam a bagagem marxista. Isso, acima de tudo, foi um atributo próprio de nós, pretos (os mais subalternizados dos grupos sociais).

---

* Publicado no fim de 1989, no jornal *Maioria Falante*, este texto, bastante sintético, contém os marcos temporais do movimento negro no Rio de Janeiro e algumas questões para a esquerda do período, depois ampliadas. Outros artigos desse número do periódico tratam do mesmo tema. (N. O.)

Entretanto, a esquerda intelectual nos tomava como operários e achava que deveríamos romper o processo pelo discurso do ódio. Nós, no entanto, sabíamos de dentro que não tínhamos armas para a conquista do poder a não ser nos aglutinando. Daí o lema do *quilombo*: "Agrupamento, organização, distribuição e amor". Em 1978, o movimento ingressa na luta pela resistência dos seus bens culturais (as organizações religiosas e recreativas do nosso povo). O profundo respeito que tínhamos por nós mesmos nesse processo desembocou na abertura política, e atravessamos esses anos com *não violência*, oferecendo um exemplo de comportamento esquerdista *para a vida*.

Hoje ingressamos numa outra fase. As questões dos oprimidos, chamados genericamente de minorias — o negro, a mulher, o homossexual, a criança e o ancião —, foram discutidas exaustivamente por nós, e assim o movimento negro está organizado. Nesta nova etapa, o que podemos oferecer às esquerdas nas nossas relações é o know-how desta luta que tão bem empreendemos pela retomada da liberdade.

Axé, Zumbi.

20. Carta de Santa Catarina*

Os encontros dos vários indivíduos do movimento negro, desde a década 1970, constituíram-se de reuniões nas quais a função catártica, a síntese orgânica, psicológica, espiritual, geracional e genealógica da inteligibilidade davam-se como grupos e intergrupos. Em 1974, no mês de março, os anseios dessas pessoas canalizaram-se para espaços físicos que de um modo geral não eram até então frequentados por homens e mulheres pretos.

Assim, os primeiros encontros do movimento negro no Rio de Janeiro deram-se no Conjunto Universitário Cândido Mendes, em Ipanema, e no Teatro Opinião, em Copacabana, Zona Sul da cidade. Reunidos na Faculdade Cândido Mendes, na primeira semana, para discutir artigo de autoria de Beatriz Nascimento, "Por uma história do homem negro",** alunos da Universidade Federal Fluminense traçaram os primeiros passos para a criação do Centro de Estudos Afro-Asiáticos.

---

* Texto escrito por ocasião do evento Sou Negro, realizado em Florianópolis, entre 19 e 24 de novembro de 1990, e promovido pela Fundação Cultural Prometheus Libertus, com debates, filmes, samba, capoeira e outras apresentações artísticas. Beatriz Nascimento e Raquel Gerber constam da programação para o debate Transmigração da Civilização Africana para o Brasil, sobre o filme *Orí*. (N. O.)
** Ver artigo à p. 37 deste volume. (N. O.)

De uma dezena de convidados para esse primeiro debate, na semana seguinte passamos a cerca de duas centenas. Isso demonstrava uma latência, naquele momento provocada, que se dilatou por outros espaços da cidade e também, concomitante, para a população de Niterói e para São Paulo.

Logo aglutinam-se diferentes tendências, a maior parte de caráter conflitante: interesses pessoais e existenciais, pela primeira vez na história de movimentos, transformam-se em pulsões coletivas, portanto, de característica política, o eu oculto social (chamado de geral, amplo ou global). O aspecto interessante que podemos inferir dessas experiências dinamizadoras (o existencial como instrumento de ação política) é que se manifestava a expressão verbal e oral antidominante. Entretanto, esse discurso, no seu interior, mantinha-se extremamente fragmentado, por força das diferenças individuais e sociais (classes sociais), e dirigia-se para um "objetivo comum": rebelar-se contra o mutismo imposto pelo regime de arbítrio — proibição de reuniões em que se coloca em "risco" a totalidade ideológica do regime.

Imaginemos centenas de pessoas, homens e mulheres (jovens e não jovens) das mais diferentes origens, de sexo, idade, inserção social (família, escolaridade), de áreas habitacionais distintas, de origem regional diferente. Algumas dessas pessoas (no caso do Teatro Opinião) eram mais velhas e egressas do Teatro Experimental do Negro (TEM), que congregara nas décadas passadas artistas e intelectuais negros e mulatos de várias áreas.

A maioria, entretanto, era constituída de jovens com acesso a informações sobre as lutas de independência de países africanos, sobre o Movimento dos Direitos Civis norte-

-americano (integração social, Black Power, Guerra do Vietnã e o movimento musical conhecido como soul music). Contava-se ainda com a quebra do velho colonialismo que tinha como último protagonista Portugal (o Império ultramarino) e os países africanos lusófonos, notadamente Guiné-Bissau, Angola e Moçambique. De um modo geral, eram os alunos novos da universidade e os frequentadores das equipes de soul music que buscavam uma resposta brasileira para a participação internacional e intercontinental contra essa dependência do colonialismo que aqui se impregnara de forma internalizada em cada cidadão e nas instituições nacionais como um todo (política, literatura, imprensa, mídia eletrônica e no comportamento intranacional). A discriminação racial, o preconceito de cor, a violência latente e manifesta contra nossa pessoa de cor preta passam a ser objeto da bandeira de libertação do contingente mais subordinado e excluído dos direitos básicos da cidadania plena.

Aglutinar diferentes indivíduos com perspectivas e expectativas sociais em torno de uma identidade racial única — o negro — contradizia o impulso político do movimento negro. A raça como um conceito carregado de atribuições inconscientes, abstrato e oriundo da ciência biológica europeia (Darwin, Humboldt e outros naturalistas e cientistas de meados e final do século XIX), marcado por ideias generalizantes, negadoras da humanidade africana e americana, ora tratando do geral para o particular e deste para aquele, necessitava daquelas discussões de revisão e revolvimento profundos no plano da individualização mais nuclear. Por isso os primeiros encontros se dão nos territórios do inconsciente mais recalcantes e mais frustrantes que foram as experiências traumáticas da transmigração africana (diáspora); da escravização (antigo regime) e perseguição (contra os processos de autolibertação individuais e coletivos e de autonomização dos fetiches marcados pela história oficial); da anonímia (perda do nome familiar original, embranquecimento das gerações posteriores); da pauperização (perda de propriedade e de qualquer bem de valor nos diversos cortes econômicos, pela relação de dependência econômica neocolonial do país — mudanças de política diante das necessidades de elites nacionais mais fortes). Enfim, a busca do exercício da liderança e da militância comunitária.

No artigo citado, acrescido de outro, "Negro e racismo",* aventava-se uma proposição e uma pergunta prospectiva. Há 87 anos da abolição da escravatura e 86 da proclamação da República e da primeira Constituição federal republicana, quem era o negro no Brasil? Respondia-se subentendidamente que seriam os de pele mais escura. E são eles que se reúnem nesses primeiros encontros. As interpretações à pergunta "Quem é negro?" eram diferentes, diversas e díspares... Dizia-se, em contraparte, negros são todos os oprimidos, simpatizantes, militantes "da causa negra".

O conceito de raça do imaginário europeu, científico, biológico voltou a remarcar a posição de diferenciação, e não de coletivização ou nacionalização. O velho conceito do embranquecimento, da miscigenação resolutiva, o extermínio relativo da cromatização negra, reforça-se na inteligência e nas instituições da elite.

Os vários níveis individuais e grupais embatem-se no terreno afetivo-verbal. A ausência de uma historicidade escrita e

---

* Ver artigo à p. 47 deste volume. (N. O.)

uma historicidade dispersa exigiram um esforço da memória histórica recalcada. O eu será a semântica corrente e recorrente. O ego coletivo aflora como se aceitando e assumindo "Nós somos assim, e isso mesmo, somos negros". Entretanto, o superego e a visão realista do inconsciente individual rejeitam tal proposição, tentando se impor não no plural, mas no singular, ou seja, preparando-se modernamente para a aceitação da diferença incorporada às noções de igualdade humana, poder participativo no destino nacional e coletivo, regional e coletivo, familiar e geográfico; entronizando a heroicidade em faixas geracionais, no espectro da promoção, do bem-estar, da estética, da autovisibilidade e na visibilidade do outro (o axé), na oposição ao regime vigente, que vai ser promovido nas eleições e na participação partidária a partir de 1978-84; recuperando os direitos civis e humanos no processo de abertura política, na busca do desrecalque.

Em 1979, ingressei no curso de pós-graduação da Universidade Federal Fluminense já com projeto de pesquisa em andamento, financiado pela Fundação Ford. O projeto, "Sistemas sociais alternativos organizados pelos negros: Dos quilombos às favelas",* tinha como aportes a vivência nessa militância citada e a especialização em história oral e de vida. Minha experiência com a hipótese da tese era o desenfoque na vida escravizada e a ênfase no conservantismo quilombola, e a certeza da continuidade e descontinuidade históricas. Dizia eu: durante os noventa anos após a abolição da escravatura a história do Brasil, embora não incluísse os homens livres,

---

* Ver artigo à p. 109 deste volume. (N. O.)

não obscurecia os vários sintomas de liberdade de fato que os negros no passado e no presente tinham experimentado.

Em 1978, fui buscar nas congadas de Minas Gerais fundamento para tal hipótese, ou seja, pesquisar as maneiras pelas quais o homem brasileiro reprimia seus recalques e suas frustrações não só como grupo, mas fundamentalmente como redes individuais.

Que novo ser humano advinha da luta pela liberdade? Como estava ele inserto na modernidade, superando a crise da escravidão, a pauperização e a discriminação racial? Como sair do despersonamento, da anonímia?

Após dois anos de pesquisa reencontrei-me com a socióloga Raquel Gerber. Eu dispunha de levantamentos feitos em centros urbanos como Rio de Janeiro, São Paulo, Salvador, Belém e Belo Horizonte, além de áreas rurais em decadência de Minas Gerais, onde encontrei remanescentes vivos de ex-quilombos. Em 1980, começamos, Raquel e eu, a procurar os primeiros passos do documentário narrado *Orí*. O reencontro deu-se num momento muito especial. Em 1981 havia falecido Glauber Rocha, sobre quem Raquel escreveu sua tese de mestrado, *O mito da civilização atlântica*.[1] Era a transmutação de uma vida dedicada aos grandes temas brasileiros de caráter nacional unificador. Esse reencontro também tinha algo de catártico, pois pretendemos desafiar a morte da palavra e da imagem brasileira e o fim do pensamento que, desde Oswald de Andrade, nos encaminhara para a identidade nacional através das ideias das inteligências dos mundos urbano e rural. O movimento negro possuía sua força entre os dois maiores centros urbanos do país: Rio de Janeiro e São Paulo. Eu pertencia ao primeiro e Raquel ao segundo. Ambas tínhamos voltado de viagens de pesquisa em África: eu de Angola, Raquel da África Ocidental (Mali, Senegal), ambas ingressadas como adeptas do candomblé.

A ecologia mental, "o reflorestamento mental e afetivo"[2] de nosso povo, possui possibilidades infinitas ao estimular-se sua veia artística, estética e poética, principalmente através da afro-religiosidade.

Em *Orí*, a realizadora, eu e a equipe tínhamos consciência de que, em vez de enfatizarmos os pontos negativos comuns à condição humana atual, deveríamos buscar crítica e analiticamente os tabernáculos em que os homens coletivamente intercedem por suas vidas, procurando o apoio mútuo para enfrentar as adversidades e promover o bem comum, independentemente de diferenças individuais, grupais e de caráter político-ideológico.

A política e a ideologia são instrumentos históricos a que os homens recorrem para a união de tendências macro. Mas, ao mesmo tempo que esses fatores promovem a unidade, a descontinuidade presente na alma histórica reverte esse processo na busca da autodeterminação individual, o que chamamos de continuidade histórica, portanto, da micropolítica.

Ante o movimento negro, cedo percebi que os processos de continuidade e conservantismo (o que chamo de quilombo) são os estágios mais fortes. Naquele momento, por volta de 1975, escrevi o artigo não publicado "Consciência do racismo", onde introduzia o conceito de paz quilombola.* Essa paz, con-

---

* Os manuscritos do artigo com esse título não foram localizados. No entanto, o ensaio "Quilombos: Mudança social ou conservantismo?", publicado nesta coletânea (p. 120), tem uma seção denominada "Paz quilombola". (N. O.)

comitante ao processo descontínuo da guerra, era a própria manutenção da guerra através da produção de alimentos e de informações — o papel da mulher, do ancião, da criança e do adolescente não envolvidos diretamente nas forças de defesa.

Em 1982, as pressões mundiais do Capitalismo Mundial Integrado* provocaram no Brasil uma brutal recessão econômica, enquanto no cenário internacional o fundamentalismo islâmico, a pressão estatal de Israel, com o estertor do Líbano, e a fase crucial da unificação angolana nos empurraram, no movimento negro, para a participação partidária como forma de reerguer nossa cidadania e garantir nossa sobrevivência como força política até então anárquica. Uniões se fizeram e se desfizeram com as eleições daquele ano no território nacional.

O texto de *Orí*, que naturalmente seria descritivo-acadêmico, não se compunha com a leitura imagética até então traçada. Longe dos centros universitários, a vivência política da população negra de Rio, São Paulo, Minas Gerais e Nordeste (Recife, Maceió e Salvador) nos premiava com o esforço de manutenção cultural como forma maciça de reação à discriminação e ao arbítrio ainda vigentes. Surpreendentemente para mim, responsável pelo texto do filme, ele tomou a forma de aforismos inéditos e de poesia, portanto, da linguagem da estética, a linguagem apreendida pela visão.

Envolvida nessa transformação pessoal, estabeleceu-se o contato verbal e oral da narradora com os interlocutores presentes nas imagens do filme.

A partir de 1982, em paralelo à militância no movimento negro, *Orí* foi sendo elaborado em conjunto não só com a

---

* Ou CMI, expressão criada por Félix Guattari em *As três ecologias* (trad. Maria Cristina F. Bittencourt. Campinas: Papirus, 1989).

equipe técnica, mas, periodicamente, com alguns dos militantes, quando não a maioria dos integrantes do documentário. Ao ser finalizado, em 1989, a meu ver, *Orí* guardou vários documentos de caráter arqueológico, arquetípico e histórico. Nesse momento a trilha sonora e a sonoridade musical tomam a forma documental, realizando aquilo que foi o caminho descoberto para seu complemento formal: a poesia e a música.

Lançado no Festival Pan-Africano de Cinema e Televisão de Ouagadougou, no Burkina Faso, África, recebeu o prêmio de melhor filme da Diáspora Africana, o Prêmio Paul Robeson. Sucessivamente, recebeu o Prêmio Costa Azul, na mostra O Homem e a Natureza, em Troia, Portugal. No Brasil, em quase todas as suas apresentações, seguiram-se debates, de um modo geral bastante improdutivos. Entretanto, não queremos deixar passar aquilo que denominei no início de obstáculo e contradição principal do movimento negro até aqui: querer se impor como um movimento racial, e não histórico. Situações catárticas ainda acontecem no movimento negro, como em qualquer agremiação humana. Mas quando a catarse impede a interlocução grupal, querendo que predomine a agressividade em vez do diálogo construtivo e compactuante, é como se estivéssemos, nos espaços, retrocedendo e retroagindo a atitudes primitivas: competitividade pessoal, recorrência a formas de discriminação que ironicamente queremos combater. Esse é fundamentalmente um desperdício de energias produtivas para quem de verdade quer, com acertos e erros, caminhar para o futuro de uma forma humana mais adequada, mais digna, enfim, ser um *sujeito individual e coletivo melhor*. Entendo que este é o verdadeiro engajamento daqueles que empenham seus esforços para combater o racismo, o preconceito e a discriminação.

O Assinalado[3]
Cruz e Sousa

Tu és o louco da imortal loucura,
O louco da loucura mais suprema.
A Terra é sempre a tua negra algema,
Prende-te nela a extrema Desventura.

Mas essa mesma algema de amargura,
Mas essa mesma Desventura extrema
Faz que tu'alma suplicando gema
E rebente em estrelas de ternura.

Tu és o Poeta, o grande Assinalado
Que povoas o mundo despovoado,
De belezas eternas, pouco a pouco...

Na natureza prodigiosa e rica
Toda a audácia dos nervos justifica
Os teus espasmos imortais de louco!*

---

* Em aproximação com algumas leituras da vida e da obra do poeta João da Cruz e Sousa, negro catarinense, filho de escravizados, que adentra essa dimensão em alguns poemas, Beatriz Nascimento apõe "O Assinalado" como indicador de uma marca que pode ser a racial, que, de incompreendida, passa a expandida. Além de uma paráfrase para a pessoa e o movimento negro em seus dilemas, essa é notoriamente uma menção à população afro-catarinense. (N. O.)

21. A mulher negra e o amor*

PODE PARECER ESTRANHO que tenhamos escolhido a condição amorosa e não sexual para nos referir ao estado de ser mulher e preta no meu país. A escolha do tema funda-se em histórias de vida e na observação de aspectos da afetividade de mulher frente à complexidade das ligações heterossexuais.

A temática da sexualidade nas relações de homem e mulher atualmente é cada vez mais encarada do ponto de vista político ou sociológico. Ou seja, perpassa a discussão a questão do poder: o status dominante do elemento masculino em detrimento do outro elemento, o feminino. Recorre-se a explicações econômicas, sociais e políticas, enfatizando o papel do trabalho, visto como fator de resolução da desigualdade ou propulsor de um igualitarismo entre os dois sexos.

Em princípio, a retórica política do mundo moderno está calcada no liberalismo do Iluminismo europeu no século XVIII. Persegue-se o ideal de igualdade entre os agentes sociais das sociedades humanas. Fruto da reflexão na economia, que invadiu a filosofia e privilegiou o indivíduo mais que o grupo, o

---

* Texto publicado originalmente no ano de 1990, no jornal *Maioria falante*, é o ensaio da autora que mais circula contemporaneamente na web e em coletâneas, especialmente em circuitos feministas, sobretudo entre negros e jovens. Indica o que veio a se constituir como reflexões acerca da dimensão política do afeto e da corporeidade. (N. O.)

Iluminismo adiciona a todo o universo da humanidade a noção masculina e sobredeterminada do produtor, que tem como recompensa do seu esforço o privilégio de ser o chefe. Foi forjada no Ocidente uma sociedade de homens, identificando não só o gênero masculino, mas a espécie no seu todo. Essa perspectiva possuía um devir utópico, previa-se um mundo sem diferenças.

Entretanto, ao contrário do pensamento iluminista, naquele momento processava-se a anexação de sociedades e culturas extremamente diferentes em termos políticos, sociais e individuais da sociedade do europeu através da máquina colonialista.

Sabemos que ao poder da razão se impunha essa contradição histórica no terreno das ideias e do real. Para exemplificar a mecânica dessa ideologia na prática do pensamento ocidental em que a afirmação corresponde à negação, reflitamos sobre esta frase de Martinho Lutero, no século XVI: "A razão é uma mulher astuta". Contraporíamos: logo, é preciso que seja aprisionada pelo homem e expressada como atributo masculino, e só assim a razão pode ser dominante.

Por esse pensamento formulado, a mulher seria um homem, embora não sendo total. Seria ciclicamente homem, conforme seu próprio ciclo natural (puberdade e maternidade). Fora desses estados, sua capacidade de trabalho estaria a reboque da necessidade do desenvolvimento econômico (mão de obra anexada ou excludente de acordo com as variações da economia). Fora desses espaços, ou mesmo aí, ela não o é. Será a razão fora de lugar, ou exercerá sua razão fora do campo produtivo.

Vai recobrir a mulher a moral totalizadora, seja como agente ou como submetida. Ela irá se revestir de fantasias, de sonhos, de utopia, de eroticidade não satisfeita e estagnada pela condição específica da sua arquitetura física e psicossocial.

Dentro desse arcabouço, qualquer expressão do feminino é revestida pela instituição moral. Ela representa em si a desigualdade caracterizada pelos conflitos entre submissão × dominação; atividade × passividade, infantilização × maturação. A contrapartida a esse estado de coisas coloca a mulher num papel desviante do processo social, em que a violência é a negação de sua autoestima.

A mulher negra, na sua luta diária durante e após a escravidão no Brasil, foi contemplada como mão de obra, na maioria das vezes não qualificada. Num país em que só nas últimas décadas deste século o trabalho passou a ter significado dignificante, o que não acontecia antes, pelo estigma da escravatura, reproduz-se na mulher negra "um destino histórico".

É ela quem desempenha, em sua maioria, os serviços domésticos, os serviços em empresas públicas e privadas recompensados por baixíssimas remunerações. São de fato empregos em que as relações de trabalho evocam as mesmas relações da escravocracia.

A profunda desvantagem em que se encontra a maioria da população feminina repercute nas suas relações com o outro sexo. Não há a noção de paridade sexual entre ela e os elementos do sexo masculino. Essas relações são marcadas mais por um desejo de exploração por parte do homem do que pelo desejo amoroso de repartir o afeto, assim como o recurso material. Em geral, nas camadas mais baixas da população, cabe à mulher negra o verdadeiro eixo econômico em torno do qual gira a família negra. Essa família, grosso modo, não obedece aos padrões patriarcais, muito menos aos padrões modernos de constituição nuclear. São da família todos aqueles (filhos, maridos, parentes) que vivem as dificuldades de uma extrema pobreza.

Quanto ao homem negro, geralmente despreparado profissionalmente por força de contingências históricas e raciais, ele tem na mulher negra economicamente ativa um meio de auxílio à sua atividade, quando não à própria sobrevivência, já que à mulher se impõe, como sabemos, dupla jornada.

Entretanto, nem todas as mulheres negras estão nessa condição. Quando escapam para outras formas de alocação de mão de obra, elas dirigem-se para profissões que requerem educação formal ou para a arte (a dança). Nesses papéis, elas se tornam verdadeiras exceções sociais. Mesmo aqui, continuam com o papel de mantenedoras, na medida em que, numa família preta, são poucos os indivíduos a cruzarem a barreira da ascensão social. Quando cruzam, variadas gamas de discriminação racial dificultam os encontros da mulher preta, seja com homens pretos, seja com os de outras etnias.

Por exemplo: uma mulher preta que atinge determinado padrão social, no mundo atual, requer cada vez mais relações de parceria, o que pode recrudescer as discriminações a essa mulher específica. Pois uma sociedade organicamente calcada no individualismo tende a massificar e serializar as pessoas, distanciando o discriminado das fontes de desejo e prazer.

A parceria, elemento de complementação em todas as relações, inclusive as materiais, é obstruída e restringida na relação amorosa da mulher.

Quanto mais a mulher negra se especializa profissionalmente numa sociedade desse tipo, mais ela é levada a se individualizar. Sua rede de relações também se especializa. Sua construção psíquica, forjada no embate entre sua individualidade e a pressão da discriminação racial, muitas vezes surge como impedimento à atração do outro, na medida em que este, habituado aos padrões formais de relação dual, teme a potência dessa mulher. Também ela, por sua vez, acaba por rejeitar esses outros — homens, masculinos, machos. Já não aceitará uma proposta de dominação unilateral.

Desse modo, ou ela permanece solitária, ou liga-se a alternativas em que os laços de dominação podem ser afrouxados. Convivendo em uma sociedade plurirracial, que privilegia padrões estéticos femininos como ideal de um maior grau de embranquecimento (desde a mulher mestiça até a branca), seu trânsito afetivo é extremamente limitado. Há poucas chances para ela numa sociedade em que a atração sexual está impregnada de modelos raciais, sendo ela representante da etnia mais submetida. Sua escolha por parte do homem passa pela crença de que ela seja mais erótica ou mais ardente sexualmente que as demais, crença relacionada às características do seu físico, muitas vezes exuberante. Entretanto, quando se trata de um relacionamento institucional, a discriminação étnica funciona como um impedimento, mais reforçado à medida que essa mulher alça uma posição de destaque social, como antes referimos.

No contexto em que se encontra, cabe a essa mulher a desmistificação do conceito de amor, transformando-o em dinamizador cultural e social (envolvimento na atividade política, por exemplo), buscando mais a paridade entre os sexos do que a "igualdade iluminista". Ao rejeitar a fantasia da submissão amorosa, pode surgir uma mulher preta participante, que não reproduza o comportamento masculino autoritário, já que se encontra no oposto deste, podendo, assim, assumir uma postura crítica, intermediando sua própria história e seu éthos. Caberia a ela levantar a proposta de parceria nas relações sexuais, o que, por fim, se replicaria nas relações sociais mais amplas.

22. A luta dos quilombos: Ontem, hoje e amanhã*

QUILOMBO É UM CONCEITO PRÓPRIO dos africanos banto, habitantes da África Centro-Ocidental e Leste. Esse conceito vem sendo modificado através dos séculos da história do Brasil. Já em 1740, o Conselho Ultramarino define quilombo como qualquer e toda habitação que possuísse cinco fugitivos. Entretanto, os quilombos do Brasil, como Palmares, atingiram aproximadamente 20 mil habitantes.

O nome original vem de Angola, e em determinado momento da história da resistência angolana queria dizer acampamento guerreiro na floresta, administrado por chefes rituais de guerra. Quando os portugueses chegaram à região do rio Congo, na África Centro-Ocidental, encontraram uma África complexa; seus sistemas sociais, políticos e administrativos eram constituídos em reinos, Estados estratificados e linhagens, estas últimas apoiadas no parentesco entre seus membros e nos nomes ancestrais.

Do ponto de vista de uma organização social, a África era extremamente diversificada. Tudo fazia parte de um sistema. Assim, o quilombo, nesse período, era um sistema social ba-

---

* Texto sintético de divulgação científica, publicado no jornal *Mergulho*, em 1990, período posterior à pesquisa central da autora. (N. O.)

seado em povos de origem caçadora, e por isso mesmo guerreiros. Eles foram chamados genericamente Jaga e/ou Imbangala. O chefe era um homem de qualidades excepcionais, chegando a ser confundido com um rei de caráter divino (havia também rainhas, como Nzinga, no auge do tráfico negreiro). Os comandados eram adolescentes e jovens adultos de etnias e linhagens diversas, que se incorporavam às hostes através de ritos iniciáticos. O quilombo como sistema africano era, portanto, o nome iniciático e todo o espaço sagrado em que o guerreiro atuava, pois as sociedades africanas baseavam-se no poder do nome.

Era muito temido pelos portugueses esse movimento que se estabelecia em extensos territórios de Angola, ora competindo com, ora repelindo, o avanço português em seus domínios. O chefe Kassanje (Imbangala) controlava todo o Centro-Sul de Angola, e seu poder dava nome a essa vasta região.

No Brasil, o quilombo chegou com essas características. Aqui também foi chamado de estabelecimento territorial. Mas, de um modo geral, só temos documentos falando do tempo da guerra, que é descrita por documentos portugueses ou repressores brasileiros, não nos dando conta da verdadeira amplitude desse sistema que acompanhou todos os séculos escravistas em nosso país.

Comparando a documentação da história de Angola e da conquista portuguesa na bacia do Congo com as fontes que temos, percebe-se essa tradição banto no que foram os quilombos brasileiros (notadamente Palmares).

Por anos o preconceito da história do negro transmitiu a compreensão do quilombo como "valhacouto de negros", constituídos de bandidos, mas nos documentos oficiais pesquisados veem-se descrições como essa: "Negro de singular valor, que aos seus serve de exemplo, e aos nossos, de flagelado". Esse trecho é de uma notícia ao rei de Portugal referindo-se a Zumbi, o organizador de Palmares.

Incoerências como essas levaram a que estudiosos e literatos percebessem que atrás dessas palavras tinha a verdadeira história dos homens negros no Brasil. Passou-se, recentemente, a enxergar o quilombo como uma das páginas mais belas da nossa história.

O Quilombo dos Palmares

Estabelecido na capitania de Pernambuco, ainda na primeira metade do século XVI, Palmares abrangia os atuais estados de Pernambuco, Alagoas e Sergipe, migrando ora para o norte ou para o sul, com comunicação com regiões circunvizinhas e territórios similares a nordeste, inclusive tribos indígenas, no auge da repressão portuguesa. Palmares, ao mesmo tempo que mantinha um enorme esforço de guerra, comerciava com fazendeiros das cercanias, produzia bens agrícolas, armas de ferro, artefatos diversos, além de se dedicar à coleta e à caça.

Há um espaço dentro do sistema militar quilombola chamado paz quilombola. Nesse momento, o quilombo, constituído de mocambos, cada um com seu chefe, ficava a cargo de mulheres, crianças e velhos não aptos para a guerra de movimento. É muito rica a forma de esses estabelecimentos suportarem guerras sangrentas e extremamente destrutivas, e por isso Palmares resistiu aos ataques dos colonizadores por cem anos.

A chefia não era única, no entanto, todos os chefes de guerra eram ao mesmo tempo chefes de quilombo. Desse modo, havia os comandantes com direitos participativos. O conselho era constituído por eles, mais os anciãos e sacerdotes, e muitas vezes por mulheres que decidiam o aconselhamento ao líder.

Assim, Aqualtune, mãe de Zumbi, determinava decisões a serem tomadas no conselho de guerra, órgão administrativo do Quilombo dos Palmares.

O modelo de Palmares vai ser repetido no Quilombo do Campo Grande e no Tijuco — Minas Gerais —, cujos chefes, de mesmas características de liderança que Zumbi, eram Ambrósio e Isidoro.

Quilombo da cidade e do estado do Rio de Janeiro

Mas a maior parte dos outros quilombos difere conforme a região econômica que controlam, tendo outro tipo de administração. Dependendo de seu tamanho e importância, eles foram mais ou menos atacados pelas forças governamentais e por senhores de escravos.

De qualquer modo eles eram um perigo à estabilidade do sistema escravista, pois controlaram a melhor parte do butim brasileiro, saqueado pelos portugueses, que eram as ricas terras para agricultura e mineração. Quando não ocupavam essas terras, o que era raro, os quilombos podiam conviver com o sistema dominante até certo ponto, sem serem ameaçados, mas, dependendo das variações econômicas cíclicas, até os que conviviam também eram atacados com justificativas as mais diversas.

Geralmente esses pequenos quilombos, como os da cidade do Rio de Janeiro, se estabeleciam nas fraldas das serras do Corcovado e da Tijuca, e, no interior, na Raiz da Serra, em

Vassouras, Pati de Alferes etc. Esses quilombos prestavam um certo serviço aos moradores da vizinhança (século XIX). Seus habitantes sobreviviam consertando ou fabricando objetos de uso, eram latoeiros, funileiros, artesãos de pequenos artefatos etc. Viviam da troca em espécie; nas fraldas dos morros criavam pequena lavoura de subsistência, sendo o excedente trocado com a vizinhança. Os quilombos da cidade do Rio de Janeiro são hoje os morros de Dona Marta, Catumbi, Gamboa (Saúde), Salgueiro, Santa Tereza (alguns paredões), as matas da serra da Tijuca, Leblon, Catacumba e outros.

Os guerreiros eram controlados pelo pai de família e pela comunidade. Quando sem o esforço conjunto alguém saqueava as populações e fazendas, o pai e os homens aptos julgavam-no e confinavam o transgressor dentro do quilombo. Se o infrator saísse completamente do sistema patriarcal quilombola, podia ser castigado até a morte (caso a comunidade o considerasse criminoso). Esse proceder do pequeno sistema dos quilombos do Rio de Janeiro está na origem de uma instituição repressora comunitária apelidada de "polícia mineira", que até recentemente atuava do mesmo modo nas favelas cariocas.

Falamos no início do conceito de quilombo. É que este nome sempre referido às imagens pejorativas sobre o negro vai designar noções preconceituosas, como casa de prostituição, lugar de muita confusão. No outro extremo, pode ser festa folclórica, como as de Alagoas e Sergipe, que na verdade são rituais de memória contando a história através da dança. Essa maneira de guardar a memória do quilombo é observada também em outras festas populares, como a Congada de Minas, o Caxambu, a Folia de Reis do Rio de Janeiro e de Minas, e outras mais espalhadas pelo Brasil.

Na década de 1930 deste século, muitos autores se debruçaram sobre o estudo do Quilombo dos Palmares e deram sua interpretação mais abrangente da história desses movimentos no Brasil. Nina Rodrigues, Arthur Ramos, Ernesto Ennes, Edison Carneiro contribuíram bastante para o esclarecimento desse fenômeno brasileiro.

O quilombo é memória, é história, é o *ser*, assim nós o entendemos na década de 1970. Era o nosso lema para a recuperação de nossa identidade, de nossa ancestralidade, de *ser* no mundo adverso.

A partir de 1960, o mito Zumbi apropriou-se de nossa sociopolítica. Foi ele que nos fez caminhar adiante da história, resgatando o passado, aproximando-nos dos mais oprimidos e inventando o movimento negro na década de 1970.

Sob sua efígie, sua imagem recalcada que estava em cada um de nós, ele inventou um movimento. Fazendo-nos lembrar hoje que o quilombo é o espaço que ocupamos. Quilombo somos nós. Somos parte do Brasil. Esse Brasil democrático, revolucionário, que ajudamos a construir, é assim que o queremos.

Contra todas as forças conservadoras. Quilombo hoje é o momento de resgate histórico. Está presente em nós, entre nós, no mundo.

Zambi-ê!

23. Eram deuses os negros da "Pequena África" do Rio de Janeiro*

OS ÚLTIMOS ANOS DA ESCRAVATURA marcaram maior intervenção dos homens e mulheres negros no esforço de extinção desse regime em nosso país. Não somente estava em jogo naquele período o fim do trabalho servil, mas também a questão da liberdade e emancipação colonial da nação e de seus filhos. Era urgente para o capitalismo internacional que o Brasil abolisse a escravidão para criar um mercado de consumo dos produtos europeus, além de extinguir moralmente o trabalho escravo. Internamente os negros escravos e livres lutavam em várias frentes ao lado de uns poucos esclarecidos para libertar o restante dos homens, mulheres brasileiros e africanos que se mantinham sob tal regime de trabalho.

A "nação negra brasileira" participava, assim, com sua contribuição política, no processo de nacionalidade, que veio desembocar na abolição da escravatura de 1888 e na proclamação da República em 1889. Havia urgência de mudanças entre os 5 milhões de negros que habitavam todas as regiões do

---

* Texto dedicado ao tema do Carnaval de 1991 do bloco afro Alaafin Aiyê do Rio de Janeiro, fundado na década anterior e com presença significativa nos espaços culturais da cidade. A "Pequena África" é parte da zona portuária da cidade do Rio de Janeiro, onde estão situados a Pedra do Sal e um quilombo homônimo. (N. O.)

país. Destes, somente 700 mil mantinham-se como escravos no oeste de São Paulo e na fronteira do Paraná, envolvidos na economia cafeeira, às vésperas de 13 de maio de 1888. Os demais eram livres, chegando a isso de várias maneiras e estratégias até, pelo menos, 1887, com a abolição da escravatura no Ceará e no Amazonas.

Esses homens livres, nas cidades como o Rio de Janeiro e outras de características urbanas e voltadas para o mercado de exportação, viviam de profissões variadas e peculiares.

Desde a chegada da corte real portuguesa em 1808, a administração da cidade do Rio de Janeiro e as posturas reais e imperiais viam-se às voltas com as várias formas de luta pela liberdade que os negros haviam adotado durante os três séculos que durara a escravatura, tanto na capital como no restante da província. Capital e cidade mais importante do Império, o Rio de Janeiro foi palco de inúmeros quilombos, movimentos que, em última instância, prejudicavam o processo econômico, com a recusa de seus integrantes de participarem como mão de obra obrigatória. Em suma, o quilombo era uma forma de desobediência, a mais eficaz e que mais desorganizava a economia colonial. No início do século XIX, a Europa industrial não podia mais conviver com formas arcaicas de relação de trabalho, promovendo uma relação entre mercados "livres". A luta de classes naquele continente, por outro lado, pedia transformações no mundo latino-americano, no qual o Brasil foi o último a livrar-se dessa forma vergonhosa e exploradora de trabalho.

Ora, quem mais tinha interesse nessa mudança eram os negros, explorados pelo cotidiano discriminatório, fruto da escravidão e do racismo.

Um dos setores mais importantes da economia eram as atividades portuárias, que escoavam os produtos para o mercado externo. Embora a história oficial só cite os trabalhadores agrícolas, domésticos e de ganho, esse era um dos setores em que o negro também emprestava sua força de trabalho. Enfim, toda a mão de obra necessária ao desempenho nacional dependia dos negros, pois ainda não havia o grosso da imigração europeia.

Nesse contexto os trabalhadores dos portos de Recife, Salvador e principalmente do Rio de Janeiro e Santos eram mão de obra de ponta da qual dependia a eficácia das operações de embarque e desembarque da economia de exportação brasileira. A estiva, portanto, tinha uma tradição de trabalhadores livres e que intervinham no processo social e político. Eles, mais do que outros, são porta-vozes dos anseios de liberdade da massa de escravos, por constituírem, ao lado dos negros de ofício, uma elite esclarecida.

As regiões geográficas do Rio de Janeiro, pela sua topografia (territórios montanhosos à beira-mar), vão ser o palco da intervenção e ação desses agentes sociais contra a exploração do trabalho humano, compulsório.

No final do século XVIII, têm-se notícias dos quilombos do Rio de Janeiro. São eles os de Gamboa, Catumbi e Corcovado, os mais importantes. De todos, o da Gamboa e do Catumbi possuem as características de quilombos nas fraldas dos morros que acompanham a zona portuária do Rio de Janeiro. Correspondência do chefe da polícia, do início do século XIX, ao ministro do Interior e da Justiça, dá conta do perigo desses estabelecimentos para a ordem interna do reino. Dedicavam-se seus moradores a atividades e serviços variados: latoeiros, funileiros, alfaiates, tecelões, pedreiros, enfim, homens envolvidos em profissões autônomas. Para eles, o sistema religioso funcionava como um anteparo existencial, lúdico e de aglutinação. Conspirações contra o regime faziam parte do dia a dia das suas relações internas. Todos os quilombos tinham comunicação através de um sistema de vigias que os interligavam. Assim, quando um estabelecimento estava em perigo, com a perseguição policial a seus líderes, o homizio (asilo) em outro morro era comum, para que não houvesse desmantelamento da prática revolucionária. Quando um quilombo caía pelas forças de repressão, pouco tempo depois outro, no corredor das montanhas cariocas, se levantava e tornava-se visível para a cidade. Assim acontece em Gamboa, Catumbi, Corcovado, Leblon, Catacumba, Gávea, Cantagalo, Pavãozinho, Mangueira, Macacos e Salgueiro, numa sucessão que desaparece da escrita histórica em 1888. Outros mais no interior, como Raiz da Serra, Xerém, Pati de Alferes, Vale das Videiras, Vassouras, eram quilombos chefiados pelo grande líder Manoel Congo, que desde 1930 recebia comunicação em caracteres árabes dos muçulmanos da Bahia, assustando as autoridades governamentais, que não entendiam aquela forma de intercomunicação.

Os quilombos do Rio de Janeiro (Gamboa e Catumbi) recebem grande quantidade de escravos livres baianos que mesclam suas formas culturais (nagô) com os Banto do Rio de Janeiro. A luta corporal era sua forma mais usual de enfrentamento à repressão policial. Proibidos de andar armados ou portar qualquer instrumento que pudesse ser transformado em arma de defesa ou ataque, obrigados a usar passaporte do senhor e de autoridades para se deslocar de um lugar a outro, ou seja, confinados a seus territórios ou senzalas, esses homens desenvolvem estratégias de luta bastante eficientes e ocultas.

Nesse contexto, a quimbanda, a macumba, o caxambu, o candomblé e as festas eram formas de aglutinação em que se debatiam e estabeleciam formas de enfrentamento à ordem escravocrata (sociedades secretas e terreiros).

Durante este século xx, os trabalhadores portuários egressos dessas lutas participam através de seus sindicatos nas fases mais importantes de nossa história política. São eles que apoiam sucessivamente Getúlio Vargas, João Goulart e se articulam com Leonel Brizola, então governador do Rio Grande do Sul e depois deputado federal pelo Rio de Janeiro, na Campanha da Legalidade e do Parlamentarismo às vésperas do movimento militar de 1964, muitos deles sendo mortos ou tendo os direitos de cidadania cassados pela ditadura.

24. Kilombo*

POR MUITO TEMPO, durante os anos de pesquisa sobre quilombos no Brasil, o que mais me intrigava era a tendência que esse fenômeno tinha para cair no esquecimento, tanto na literatura oficial e histórica quanto na memória oral. Entretanto, ocorria um paradoxo que, constituído de lembranças esporadicamente recorrentes, o fazia irromper de tempos em tempos na memória nacional. Isso acontecia justamente em momentos de crise profunda das relações políticas durante os anos deste século.

Recentemente, ao me debruçar sobre a obra de Thomas Kuhn,[1] foi que compreendi, finalmente, ser o quilombo um paradigma, que não tinha sido entendido como tal, mas que força sua passagem frente a outros modelos de visão de mundo, impondo a força de sua compreensão para os descendentes de africanos no mundo.

Como história (intensamente) vivida, ele não interrompeu sua trajetória, estando arraigadamente infiltrado nas mentes dos indivíduos brasileiros.

---

* Este texto, da primeira metade da década de 1990, foi escrito por encomenda para a revista *Nommo*, do Instituto dos Povos Negros do Burkina Faso. Não foram encontrados registros da efetiva publicação. (N. O.)

O que seria quilombo? (*Kilombo*, do quimbundo)

As palavras de origem africana no Brasil jamais possuem um só significado. Em parte pela própria estrutura das línguas africanas, em parte pela sua história no contexto nacional (a mesma palavra poderia ser pronunciada por uma gama de línguas, não necessariamente da etnia original). O enunciado geralmente é uma expressão, independentemente do significado. A palavra é um invocador, um instrumento de invocação/evocação/revelação.

Nesse sentido, "quilombo" marca um processo de ação, atividade, conduta dentro daqueles três princípios antes mencionados. Aí residem sua trajetória e importância histórica: essa característica de processo, de continuum. Entretanto, não pensamos esse contínuo como estático, e sim como dinâmico.

Quando os portugueses conquistaram o antigo reino do Ndongo, situado na bacia do rio Congo, existia uma etnia denominada Jaga ou Imbangala. Guerreiros-caçadores, provenientes do Leste africano, em sucessivas levas desde o ano 2000 a.C., portanto desde que os Banto atravessaram a floresta equatorial, desertificando-a e transformando-a no Saara. Por volta de 1569, tinham já conseguido expulsar o rei do Congo e os portugueses da capital, obrigando-os a exilar-se numa ilha no rio. Os Jaga destruíram nos portugueses o sentido de segurança na África Centro-Oeste. Essa etnia era atípica, pois, além do nomadismo, não constituía linhagem. Não possuía mulheres, no sentido comum aos outros povos, não criava filhos, não formava Estados e constituía-se como um poder transversal aos governos dos territórios que contatavam. Das outras linhagens eles recrutavam os adolescentes masculinos, os quais, após passarem por um ritual de circuncisão, eram adotados pela etnia a fim de aumentar o esforço de guerra.

O ato de circuncisão transformava o jovem em *kilombo*. A casa sagrada e o território onde se desenvolvia a iniciação do guerreiro também se chamavam *kilombo*. O acampamento onde se realizavam trocas comerciais também era denominado *kilombo*. E, por fim, o ato de deslocamento em esforço de guerra era o movimento do *kilombo*.

O jovem iniciado no *kilombo* era preparado para receber e desenvolver a *força vital*. Ou seja, seu corpo constituiria algo sólido e saudável para enfrentar todo e qualquer esforço, toda ou qualquer adversidade. Ele era preparado não só para a guerra, como para empreender e fundar territórios. Praticar o nomadismo como fundador de estabelecimentos territoriais seria sua saga quando adulto.

Desse modo o *kilombo* se transfere para a América. Através desses indivíduos, em todo o território americano, foram fundados, a partir do século XVI, os estabelecimentos quilombos (Brasil e Cone Sul), *cimarróns* (ao norte da América do Sul), *apalancados* (em Cuba e Haiti) e *maroons* (nas demais ilhas do Caribe).

Dessa maneira se compreende a história do Quilombo dos Palmares, que teve como fundador e civilizador Zumbi de Angola Janga.

Como um sistema africano na América colonial, o quilombo muitas vezes se constituía em Estados capazes de pôr em risco a estabilidade do comércio e dos preços de mercadorias nas metrópoles europeias. Cada vez que um desses estabelecimentos se organizava, tinha como efeito sobre o sistema colonial:

1. Retirar parte considerável de mão de obra escrava, que abandonava plantações e minas para conviver com seus iguais e fortalecer a insurgência contra o regime.
2. Reduzir as áreas de produção das matérias-primas para a exportação, porque o quilombo era baseado no esforço de guerra e no saque.
3. Obrigar o poder colonial e metropolitano a manter soldados e tropas em permanente prontidão para o ataque ao estabelecimento afro-americano.

Todo esse processo fazia cair os preços no mercado internacional e obrigava a metrópole a despender esforços para a reposição de mão de obra, o que encarecia o preço do escravo na África.

Esse movimento teve longa duração nos séculos de colonização em todas as partes das Américas Central e do Sul. Após a abolição do trabalho escravo, não se documenta mais o processo do quilombo. Entretanto, pela pesquisa realizada, ele se interioriza nas práticas e condutas dos descendentes livres de africanos. Sua mística percorre a memória da coletividade negra e nacional, não mais como guerra bélica declarada, mas como um esforço de combate pela vida.

Kilombo hoje: força de singularização

A filosofia banto, da *força vital*, permaneceu até hoje no modo de ser do brasileiro. A aparente aceitação das dificuldades baseia-se justamente naquela filosofia, que impõe que se desempenhe a vida, fortalecendo-a no corpo físico e na mente, como instrumento de luta. Assim, as religiões afro-brasileiras de origem banto ou nagô (etnia da África Ocidental) sincretizaram-se para fornecer aos seus adeptos o princípio dessa força que funciona como máquina de guerra existencial e física. Marca-se, como no quilombo ancestral e por ritos iniciáticos, o fortalecimento do indivíduo como um território que se desloca no espaço geográfico, incorporando um paradigma vivo e atuante no território americano fundado pelos seus antepassados escravos e quilombolas.

Agindo nos seus locais, seja no "terreiro" místico, nas comunidades familiares, nas favelas, nos espaços recreativos (manifestando a música de origem africana, afro-americana ou afro-brasileira), os povos africanos da América provocam mudanças nas relações raciais e sociais.

Ocupando o espaço com seu corpo físico (território existencial), eles apoderam-se da cidade, reproduzindo o modo dos antigos quilombolas, tornando-se, como aqueles, visíveis ao regime. Fazendo deste um espaço descontínuo no tempo, em que as "frinchas" provocam linhas de fuga e são elementos de dinamização que geram um meio social específico.

Assim se dava com os quilombos e seus similares ao longo da história da América. Assim se dá hoje com os grupos negros ou afro-americanos.

Notas

Introdução (pp. 7-33)

1. Artigo escrito para a disciplina Teoria da Comunicação, no curso Espaço-Tempo Urbano: Cidade, Território e Conduta, ministrado pela antropóloga Janice Caiafa na pós-graduação da Escola de Comunicação da Universidade Federal do Rio de Janeiro. O original datilografado desse texto encontra-se no acervo da autora, no Arquivo Nacional (Fundo/Coleção 2D — Maria Beatriz Nascimento. Rio de Janeiro, Arquivo Nacional).
2. A resenha de José Honório Rodrigues para o livro *The Destruction of Brazilian Slavery (1850-1888)*, de Robert Conrad, foi publicada em *Revista de História*, São Paulo, v. 48, n. 98, 1974, pp. 572-3.
3. Christen Smith, *Lembrando Beatriz Nascimento: Quilombos, memórias e imagens negras radicais*. Belo Horizonte: Cruz das Almas/EDUFRB, 2016, pp. 371-85.
4. Como demonstra Sandra Marins da Silva em sua dissertação de mestrado sobre o Gtar: *O Gtar (Grupo de Trabalhos André Rebouças) na Universidade Federal Fluminense: Memória social, intelectuais negros e a universidade pública (1975-1995)*. Rio de Janeiro: Instituto de História/ UFRJ, 2018.
5. Ver Karin Sant'Anna Kössling, *As lutas antirracistas de afrodescendentes sob vigilância do Deops/SP (1964-1983)*. São Paulo: USP, 2007. Dissertação (Mestrado em História Social).
6. Hebe Mattos, *Das cores do silêncio: Os significados da liberdade no Sudeste escravista, Brasil, século XIX*. São Paulo: Ed. da Unicamp, 1995.
7. Beatriz Nascimento. *Todas (as) distâncias: Poemas, aforismos e ensaios de Beatriz Nascimento*. Org. de Alex Ratts e Bethania Gomes. Salvador: Ogum's Toques Negros, 2015, p. 88.
8. Patricia Collins, *Pensamento feminista negro*. São Paulo: Boitempo, 2019.
9. Sueli Carneiro, *A construção do outro como não ser como fundamento do ser*. São Paulo: USP, 2005. Tese (Doutoramento em Educação).

10. Alex Ratts, *Eu sou atlântica: Sobre a trajetória de vida de Beatriz Nascimento*. São Paulo: Imprensa Oficial; Instituto Kwanza, 2006.
11. Andrelino Campos, *Do quilombo à favela: A produção do "espaço" criminalizado no Rio de Janeiro*. 5. ed. São Paulo: Bertrand Brasil, 2005.
12. A exemplo da tese de Wagner Vinhas Batista, *Palavras sobre uma historiadora transatlântica: Estudo da trajetória intelectual de Maria Beatriz Nascimento*, defendida no Programa de Pós-Graduação em Estudos Étnicos e Africanos da Universidade Federal da Bahia, em 2016.
13. União dos Coletivos Pan-Africanistas, *Beatriz Nascimento: Quilombola e intelectual*. São Paulo: UCPA, 2018.

1. Por uma história do homem negro (pp. 37-46)

1. Florestan Fernandes, *A integração do negro na sociedade de classes*. São Paulo: Dominus, 1965.

4. Nossa democracia racial (pp. 62-7)

1. André João Antonil, *Cultura e opulência no Brasil*. São Paulo: Melhoramentos; MEC, 1976.
2. Gilberto Freyre, *Casa-Grande e senzala*. Rio de Janeiro: José Olympio, 1975.
3. Frank Tannenbaum, *Slave and Citizen: The Negro in the Americas*. Nova York: Alfred Knopf, 1947.
4. Marvin Harris, *Padrões raciais nas Américas*. Rio de Janeiro: Civilização Brasileira, 1967.
5. Claude Lévi-Strauss, *Raça e história*. Lisboa: Presença, 1973.

5. Escravos a serviço do progresso (pp. 71-8)

1. Robert Conrad, *Os últimos anos da escravatura no Brasil*. Rio de Janeiro: Civilização Brasileira, 1975, p. 4.
2. Ibid., pp. 314-5.
3. Ibid., p. 337.

6. A incensada princesa (pp. 79-81)

1. Brasil Gerson, *A escravidão no Império*. Rio de Janeiro: Pallas, 1975, p. 319.
2. Ibid., p. 319.

7. Conselhos ao príncipe (pp. 82-4)

1. *Testamento político de d. Luís da Cunha* (1748). São Paulo: Alfa Ômega, 1976. (Série Testemunhas da História 1)

8. Conceitos ultrapassados (pp. 85-9)

1. Luiz Luna, *O negro na luta contra a escravidão*. Rio de Janeiro: Cátedra; INL, 1976, p. 15.
2. Ibid., p. 15.
3. Ibid., p. 27.
4. Renato Mendonça, *A influência africana no português do Brasil*. São Paulo: Companhia Editora Nacional, 1935, p. 175.
5. Ibid., p. 181.

9. Escravidão (pp. 90-4)

1. David Birmingham, *The Portuguese Conquest of Angola*. Oxford: Oxford University Press, 1965.
2. Ibid.
3. Ibid.

10. Zumbi de *Ngola Djanga* ou de Angola Pequena ou Quilombo dos Palmares (pp. 95-103)

1. Arthur Ramos, *O negro na civilização brasileira*. Rio de Janeiro: Casa do Estudante, 1971.
2. Edison Carneiro, *O Quilombo dos Palmares*. 2. ed. São Paulo: Companhia Editora Nacional, 1966 [1947], p. 24.

3. Décio Freitas, *Palmares: A guerra dos escravos*. Porto Alegre: Movimento, 1971, p. 119.
4. Raimundo Nina Rodrigues, *Os africanos no Brasil*. 6. ed. São Paulo; Brasília: Companhia Ed. Nacional; Ed. da UnB, 1982 [1932].

12. Sistemas sociais alternativos organizados pelos negros: Dos quilombos às favelas (pp. 109-19)

1. Vicente Tapajós, *Manual de história do Brasil*. 1º grau. Rio de Janeiro: Elos, 1970.
2. Edison Carneiro, *O Quilombo dos Palmares*. Rio de Janeiro: Civilização Brasileira, 1958 [1947], p. 31.
3. Clóvis Moura, *Rebeliões da senzala*. São Paulo: Zumbi, 1959, p. 79.
4. Pedro Tomás Pedreira, *Os quilombos brasileiros*. Salvador: SMEC; Departamento de Cultura, 1973, p. 7.
5. Eric J. Hobsbawm, *Rebeldes primitivos: Estudo sobre as formas arcaicas dos movimentos sociais dos séculos XIX e XX*. Rio de Janeiro: Zahar, 1970, p. 14.
6. Edison Carneiro, *O Quilombo dos Palmares*. 2. ed. São Paulo: Companhia Editora Nacional, 1966 [1947], p. 3.
7. Arquivo Nacional (Rio de Janeiro), Correspondência entre o chefe de polícia do Rio de Janeiro e o ministro da Justiça e Negócios Interiores (relativa aos anos de 1808 a 1835).
8. Eric J. Hobsbawm, op. cit., p. 14.

13. Quilombos: Mudança social ou conservantismo? (pp. 120-37)

1. Edison Carneiro, *O Quilombo dos Palmares*, 2. ed. São Paulo: Companhia Editora Nacional, 1966 [1947], p. 32.
2. José Honório Rodrigues, *Independência: Revolução e contrarrevolução*, v. II. Rio de Janeiro: Francisco Alves, 1976.
3. Edison Carneiro, op. cit.
4. Ibid., p. 23.
5. Hélio Vianna, *História do Brasil*, v. I e II. Rio de Janeiro: Melhoramentos, 1967.
6. Edison Carneiro, op. cit.; Raimundo Nina Rodrigues, *Os africanos no Brasil*. 6. ed. São Paulo; Brasília: Companhia Ed. Nacional; Ed. da UnB, 1982 [1932].

15. O conceito de quilombo e a resistência cultural negra (pp. 152-67)

1. Ciro Flamarion Cardoso, *Escravo ou camponês? O protocampesinato negro nas Américas*. São Paulo: Brasiliense, 1987.
2. De Gianfrancesco Guarnieri e Augusto Boal, 1965.

16. O nativismo angolano pós-revolução (pp. 168-92)

1. Armindo Francisco, *A luta continua*. Luanda: [s.n.], 1976.

17. O movimento de Antônio Conselheiro e o abolicionismo: Uma visão da história regional (pp. 193-212)

1. Entrevista com o professor de história Manoel Maurício de Albuquerque, da Universidade Federal do Rio de Janeiro.
2. Eric J. Hobsbawm, *Rebeldes primitivos: Estudo sobre as formas arcaicas dos movimentos sociais dos séculos XIX e XX*. Rio de Janeiro: Zahar, 1970, p. 25.
3. Ibid.
4. José Aras, *Sangue de irmãos: Canudos por dentro*. [s.l.]: [s.n.], [s.d.].
5. Robert Conrad, *Os últimos anos da escravatura no Brasil*. Rio de Janeiro: Civilização Brasileira, 1975, pp. 64-5.
6. José Calasans, *Antônio Conselheiro e a escravidão*. Salvador: Artes Gráficas, [s. d.], p. 1.
7. Segundo informação de José Gabriel Costa Lima, Setor de Pesquisa Histórica do Arquivo Nacional.
8. Robert Conrad, op. cit., p. 213.
9. Ibid.
10. Daniel Kidder apud Robert Conrad, op. cit., p. 215.
11. Robert Conrad, op. cit., p. 230.
12. Manuel Benício apud José Calasans, op. cit., p. 4.
13. Pedro Tomás Pedreira, *Os quilombos brasileiros*. Salvador: SMEC; Departamento de Cultura, 1973, p. 147.
14. José Aras, op. cit., s. p.
15. Idem.

16. Eric Hobsbawm, op. cit., p. 13.
17. Perdigão Malheiros (*A escravidão no Brasil*, v. 2), apud Robert Conrad, op. cit.
18. Robert Conrad, op. cit.
19. *Jornal de Notícias da Bahia*, Carta do barão de Jeremoabo, 4 mar. 1897.
20. Carta de José Américo. Arquivo do barão de Jeremoabo. Fazenda Camuciatá, Itapicuru, Bahia, 28 fev. 1894.

18. Daquilo que se chama cultura (pp. 215-8)

1. Sigmund Freud, *Moisés e o monoteísmo: Três ensaios*. Obras psicológicas completas de Sigmund Freud. Rio de Janeiro: Imago, 1980 [1938], v. XXIII.

20. Carta de Santa Catarina (pp. 221-30)

1. Raquel Gerber, *O mito da civilização atlântica: Glauber Rocha, cinema, política e a estética do inconsciente*. Petrópolis: Vozes, 1982.
2. Pedro Paulo Lomba, *Ypadê* (texto inédito).
3. João da Cruz e Sousa, *Últimos sonetos*. Rio de Janeiro; Florianópolis: Fundação Casa de Rui Barbosa; Ed. da UFSC; FCC, 1984.

24. Kilombo (pp. 247-51)

1. Thomas Khun, *A estrutura das revoluções científicas*. Trad. Beatriz Vianna Boeira e Nelson Boeira. São Paulo: Perspectiva, 1977.

Bibliografia

AGUIAR, Durval Vieira. *Descrições práticas da Província da Bahia*. Salvador: Tipografia do *Diário da Bahia*, 1888.

ANTONIL, André João. *Cultura e opulência no Brasil*. São Paulo: Melhoramentos; MEC, 1976.

ARAS, José. *Sangue de irmãos: Canudos por dentro*. [s.l.], [s.n.], [s.d.].

ARQUIVO do barão de Jeremoabo. Carta de José Américo. 28 fev. 1894. Fazenda Camuciatá, Itapicuru, Bahia.

ARQUIVO NACIONAL (Rio de Janeiro). Correspondência entre o chefe de polícia do Rio de Janeiro e o ministro da Justiça e Negócios Interiores (relativa aos anos de 1808 a 1835).

BATISTA, Wagner Vinhas. *Palavras sobre uma historiadora transatlântica: Estudo da trajetória intelectual de Maria Beatriz Nascimento*. Salvador: Universidade Federal da Bahia, 2016. Tese (Doutorado em Estudos Étnicos e Africanos).

BIRMINGHAM, David. *The Portuguese Conquest of Angola*. Oxford: Oxford University Press, 1965. [Ed. port.: *A conquista portuguesa de Angola*. Porto: A Regra do Jogo, 1974.]

CALASANS, José. *Antônio Conselheiro e a escravidão*. Salvador: Artes Gráficas, [s. d.].

CARNEIRO, Edison. *Ladinos e crioulos*. Rio de Janeiro: Companhia Editora Nacional, 1944.

_____. *O Quilombo dos Palmares*. Rio de Janeiro: Civilização Brasileira, 1958 [1947].

_____. *O Quilombo dos Palmares*. 2. ed. São Paulo: Companhia Editora Nacional, 1966 [1947].

CONRAD, Robert. *Os últimos anos da escravatura no Brasil*. Rio de Janeiro: Civilização Brasileira, 1975.

CRUZ E SOUSA, João da. *Últimos sonetos*. Rio de Janeiro; Florianópolis: Fundação Casa de Rui Barbosa; Ed. da UFSC; FCC, 1984.

DEBORD, Guy. *A sociedade do espetáculo*. Lisboa: Afrodite, 1972. [Ed. bras.: *A sociedade do espetáculo*. Trad. Stela dos Santos Abreu. Rio de Janeiro: Contraponto, 2007.

DIRETORIA NACIONAL DE ESTATÍSTICA. Recenseamento Geral do Brasil, 1872 e 1890.

ENNES, Ernesto. As guerras nos Palmares. São Paulo: Editora Nacional, 1938.

FELÍCIO DOS SANTOS, João. Ganga-Zumba: A saga dos quilombolas de Palmares. Rio de Janeiro: Civilização Brasileira, 1962.

FERNANDES, Florestan. A integração do negro na sociedade de classes. São Paulo: Dominus, 1965.

FLAMARION CARDOSO, Ciro. Escravo ou camponês? O protocampesinato negro nas Américas. São Paulo: Brasiliense, 1987.

FREITAS, Décio. Palmares: A guerra dos escravos. Porto Alegre: Movimento, 1971.

_____. Insurreições escravas. Porto Alegre: Movimento, 1976.

FREUD, Sigmund. Moisés e o monoteísmo: Três ensaios. Obras psicológicas completas de Sigmund Freud. Rio de Janeiro: Imago, 1980 [1938], v. XXIII. ["Moisés e o monoteísmo: Compêndio de psicanálise e outros textos (1937-1938)". In: Obras completas, v. 19. Trad. Paulo Cesar Sousa. São Paulo: Companhia das Letras, 2018.]

FREYRE, Gilberto. Casa-Grande e senzala. Rio de Janeiro: José Olympio, 1975.

_____. Entrevista a Gervásio Campos Gomes. Jornal do Brasil, 15 maio 1977, Caderno Especial.

GERBER, Raquel. O mito da civilização atlântica: Glauber Rocha, cinema, política e a estética do inconsciente. Petrópolis: Vozes, 1982.

GERSON, Brasil. A escravidão no Império. Rio de Janeiro: Pallas, 1975.

GUATTARI, Félix. As três ecologias. Trad. Maria Cristina F. Bittencourt. Campinas: Papirus, 1989.

HARRIS, Marvin. Padrões raciais nas Américas. Rio de Janeiro: Civilização Brasileira, 1967.

HOBSBAWM, Eric J. Rebeldes primitivos: Estudo sobre as formas arcaicas dos movimentos sociais dos séculos XIX e XX. Trad. Nice Rissone. Rio de Janeiro: Zahar, 1970.

JORNAL de Notícias da Bahia. Carta do barão de Jeremoabo, 4 mar. 1897.

KHUN, Thomas. A estrutura das revoluções científicas. Trad. Beatriz Vianna Boeira e Nelson Boeira. São Paulo: Perspectiva, 1977.

KÖSSLING, Karin Sant'Anna. As lutas antirracistas de afrodescendentes sob vigilância do Deops/SP (1964-1983). São Paulo: USP, 2007. Dissertação (Mestrado em História Social).

LÉVI-STRAUSS, Claude. *Raça e história*. Lisboa: Presença, 1973. [Ed. bras.: "Raça e história". In: _____. *Antropologia estrutural dois*. Trad. Beatriz Perrone-Moisés. São Paulo: Ubu, 2017.]

LOMBA, Pedro Paulo. *Ypadê* (texto inédito).

LUNA, Luiz. *O negro na luta contra a escravidão*. Rio de Janeiro: Cátedra; INL, 1976.

MENDONÇA, Renato. *A influência africana no português do Brasil*. São Paulo: Companhia Editora Nacional, 1935.

MOURA, Clóvis. *Os quilombos e a rebelião negra*. São Paulo: Brasiliense, 1981.

_____. *Rebeliões da senzala*. São Paulo: Zumbi, 1959.

NASCIMENTO, Abdias do. *O quilombismo*. Petrópolis: Vozes, 1980.

NASCIMENTO, Beatriz. *Todas (as) distâncias: Poemas, aforismos e ensaios de Beatriz Nascimento*. Org. de Alex Ratts e Bethania Gomes. Salvador: Ogum's Toques Negros, 2015.

NINA RODRIGUES, Raimundo. *Os africanos no Brasil*. 6. ed. São Paulo; Brasília: Companhia Ed. Nacional; Ed. da UnB, 1982 [1932].

PEDREIRA, Pedro Tomás. *Os quilombos brasileiros*. Salvador: SMEC; Departamento de Cultura, 1973.

RAMOS, Arthur. *O negro na civilização brasileira*. Rio de Janeiro: Casa do Estudante, 1971.

RODRIGUES, José Honório. "A rebeldia negra e a abolição". In: _____. *História e historiografia*. Petrópolis: Vozes, 1970.

_____. *Aspirações nacionais*. São Paulo: Fulgor, 1963.

_____. *Conciliação e reforma no Brasil*. Rio de Janeiro: Civilização Brasileira, 1965.

_____. "Resenha: *The Destruction of Brazilian Slavery*". *Revista de História*, São Paulo, v. 48, n. 98, 1974, pp. 572-3.

_____. *Independência: Revolução e contrarrevolução*, v. II, *Economia e sociedade*. Rio de Janeiro: Francisco Alves, 1976.

SALLES, Vicente. *O negro no Pará*. Rio de Janeiro; Belém: Editora da FGV; Universidade Federal do Pará, 1971.

SERRANO, Carlos. "História e antropologia na pesquisa do mesmo espaço: A Afro-América". *África — Revista do Centro de Estudos Africanos da USP*, São Paulo: n. 5, 1982.

SILVA, Sandra Marins da. *O Gtar (Grupo de Trabalhos André Rebouças) na Universidade Federal Fluminense: Memória social, intelectuais negros e a universidade pública (1975-1995)*. Rio de Janeiro: UFRJ, 2018. Dissertação (Mestrado em História).

SMITH, Christen. *Lembrando Beatriz Nascimento: Quilombos, memórias e imagens negras radicais*. Belo Horizonte: Cruz das Almas/EDUFRB, 2016.

TANNENBAUM, Frank. *Slave and Citizen: The Negro in the Americas*. Nova York: Alfred Knopf, 1947.

TAPAJÓS, Vicente. *Manual de história do Brasil*. 1º grau. Rio de Janeiro: Elos, 1970.

TESTAMENTO político de D. Luís da Cunha (1748). São Paulo: Alfa Ômega, 1976. (Série Testemunhas da História 1.)

VIANNA, Hélio. *História do Brasil*, v. I e II. Rio de Janeiro: Melhoramentos, 1967.

VIEIRA, Daiana Lucas. *O dembo Caculo Cacahenda: A história de uma região e de uma chefatura (1780-1860)*. Juiz de Fora: UFJF. Dissertação (Mestrado em História).

Fontes

PARTE I — Intelectualidade, relações raciais e de gênero

1. Por uma história do homem negro
Publicado originalmente em *Revista de Cultura Vozes*, Petrópolis, v. 68, n. 1, jan./fev. 1974, pp. 41-5.

2. Negro e racismo
Publicado originalmente em *Revista de Cultura Vozes*, Petrópolis, v. 68, n. 7, set. 1974, pp. 65-8.

3. A mulher negra no mercado de trabalho
Publicado originalmente em *Última Hora*, Rio de Janeiro, 25 jul. 1976.

4. Nossa democracia racial
Publicado originalmente em *IstoÉ*, Rio de Janeiro, 23 nov. 1977, pp. 48-9.

PARTE II — Escravismo, fugas e quilombos

5. Escravos a serviço do progresso
Publicado originalmente em *Opinião*, Rio de Janeiro, 19 set. 1975, p. 19.

6. A incensada princesa
Publicado originalmente em *Opinião*, Rio de Janeiro, 19 dez. 1975, p. 21.

7. Conselhos ao príncipe
Publicado originalmente em *Jornal do Brasil*, Rio de Janeiro, 12 dez. 1976, Livro, p. 7.

8. Conceitos ultrapassados
Publicado originalmente em *Jornal do Brasil*, Rio de Janeiro, 20 mar. 1977, Livro, p. 6.

9. Escravidão
Publicado originalmente em *Jornal do Brasil*, Rio de Janeiro, 7 mai. 1977, Livro, p. 11.

10. **Zumbi de *Ngola Djanga* ou Angola Pequena ou do Quilombo dos Palmares**
Publicado originalmente em *Jornal do Brasil*, Rio de Janeiro, 23 nov. 1976, p. 34.

11. **O Quilombo do Jabaquara**
Publicado originalmente em *Revista de Cultura Vozes*, Petrópolis, ano 73, n. 3, mai./jun. 1979, pp. 16-8.

PARTE III — O quilombo como sistema alternativo

12. **Sistemas sociais alternativos organizados pelos negros: Dos quilombos às favelas**
Texto introdutório ao relatório final da pesquisa "Sistemas sociais alternativos organizados pelos negros: Dos quilombos às favelas", de 1981. O original datilografado encontra-se no acervo da autora (Fundo/Coleção 2D — Maria Beatriz Nascimento. Rio de Janeiro, Arquivo Nacional).

13. **Quilombos: Mudança social ou conservantismo?**
O original datilografado deste texto, datado de 1978, encontra-se no acervo da autora (Fundo/Coleção 2D — Maria Beatriz Nascimento. Rio de Janeiro, Arquivo Nacional).

14. **Kilombo e memória comunitária: Um estudo de caso**
Publicado originalmente em *Estudos Afro-Asiáticos*, Rio de Janeiro, n. 6/7, 1982, pp. 259-65.

15. **O conceito de quilombo e a resistência cultural negra**
Publicado originalmente em *Afrodiáspora*, Rio de Janeiro, n. 6/7, 1985, pp. 41-9.

16. **O nativismo angolano pós-revolução**
O original datilografado desse texto, datado de 14 nov. 1979, encontra-se no acervo da autora (Fundo/Coleção 2D — Maria Beatriz Nascimento. Rio de Janeiro, Arquivo Nacional).

17. **O movimento de Antônio Conselheiro e o abolicionismo: Uma visão da história regional**
Apresentado no v Encontro Anual da Associação Nacional de Pós--Graduação e Pesquisa em Ciências Sociais (Anpocs), Nova Friburgo, 21-23 out. 1981. O original datilografado encontra-se no acervo da au-

tora (Fundo/Coleção 2D — Maria Beatriz Nascimento. Rio de Janeiro, Arquivo Nacional). Uma versão mais curta do texto foi publicada postumamente em *Revista do Patrimônio Histórico e Artístico Nacional*, Rio de Janeiro, n. 25, 1997, pp. 261-8.

PARTE IV — Movimento negro e cultura

18. Daquilo que se chama cultura
Publicado originalmente em *Jornal IDE*, Sociedade Brasileira de Psicanálise, São Paulo, n. 12, dez. 1985, p. 8. A versão datilografada pela autora, base para esta edição, encontra-se no acervo de Beatriz Nascimento (Fundo/Coleção 2D — Maria Beatriz Nascimento. Rio de Janeiro, Arquivo Nacional).

19. Atualizando a consciência
Publicado originalmente em *Maioria Falante*, Rio de Janeiro, n. 16, dez. 1989/jan. 1990, p. 7.

20. Carta de Santa Catarina
O original datilografado deste texto, datado de nov./dez. 1990, encontra-se no acervo da autora (Fundo/Coleção 2D — Maria Beatriz Nascimento. Rio de Janeiro, Arquivo Nacional).

21. A mulher negra e o amor
Publicado originalmente em *Maioria Falante*, Rio de Janeiro, n. 17, fev./mar. 1990, p. 3.

22. A luta dos quilombos: Ontem, hoje e amanhã
Publicado originalmente em *Mergulho*, Rio de Janeiro, ano 1, n. 1, jan. 1990, p. 3.

23. Eram deuses os negros da "Pequena África" do Rio de Janeiro
O original datilografado deste texto, datado do Carnaval de 1991, encontra-se no acervo da autora (Fundo/Coleção 2D — Maria Beatriz Nascimento. Rio de Janeiro, Arquivo Nacional).

24. *Kilombo*
O original datilografado deste texto, sem data, mas certamente escrito na primeira metade da década de 1990, encontra-se no acervo da autora (Fundo/Coleção 2D — Maria Beatriz Nascimento. Rio de Janeiro, Arquivo Nacional).

Nota biográfica

MARIA BEATRIZ NASCIMENTO nasceu no dia 12 de julho de 1942 em Aracaju, Sergipe. Filha do pedreiro Francisco Xavier do Nascimento e da dona de casa Rubina Pereira, migrou aos oito anos de idade, com os pais e nove irmãos, para o Rio de Janeiro, estabelecendo-se em Cordovil, bairro da Zona Norte da cidade. Sua carreira acadêmica foi feita basicamente em história — graduação (1968-72) e especialização (1979-81) na UFRJ e mestrado incompleto (1979-84) na UFF, tendo antes experiência com arquivos documentais na FGV e no Arquivo Nacional, com acompanhamento do historiador José Honório Rodrigues.

Historiadora, ativista e poeta, Beatriz Nascimento foi uma das mais expressivas intelectuais negras do século XX, dedicando-se ao estudo das temáticas relacionadas às relações raciais, aos quilombos e às culturas negras. Suas reflexões sobre a vigência e a importância dos quilombos foram pioneiras, ao articularem dimensões entre o passado da escravidão e a luta antirracista de sua época. Em seus textos, publicados tanto em revistas acadêmicas como em jornais de grande circulação, ela observava crítica e sensivelmente as expressões culturais, artísticas e políticas no Brasil, suas conexões e seus impactos. Sua obra tem sido estudada por pesquisadoras e pesquisadores negros do Brasil e do exterior.

Em 1975, ao lado de outros estudantes negros e negras da UFF, esteve à frente da criação do Grupo de Trabalho André Rebouças (Gtar), cujo papel na articulação entre produção acadêmica, reflexão política e ações práticas nos debates sobre a questão racial foi fundamental. Em 1977, Beatriz realizou a célebre conferência Historiografia do Quilombo, na Quinzena do Negro, na USP, ocupando lugar de destaque como figura pública. Na década de 1980, Beatriz Nascimento começou a atuar também como professora de história na rede estadual do Rio de Janeiro e, além de suas atividades docentes, acadêmicas e militantes, fez os textos e a narração do filme *Orí*, de Raquel Gerber, que documenta os movimentos negros brasileiros, tendo o quilombo e a diáspora como ideia central de um contínuo histórico e a história pessoal de Beatriz Nascimento como fio condutor.

Em 1994 ela retoma a carreira acadêmica ao ingressar no mestrado na Escola de Comunicação da UFRJ, com orientação de Muniz Sodré, o que a impulsiona a trabalhar com outras temáticas, ainda no horizonte negro e racial. Um ano depois, porém, em 28 de janeiro de 1995, ela tem sua trajetória interrompida prematuramente, aos 52 anos de idade, quando, ao tentar defender uma amiga do namorado agressor, Beatriz é assassinada a tiros por ele.

Em vida Beatriz Nascimento teve apenas um livro publicado, *Negro e cultura no Brasil* (1987), em coautoria com Helena Theodoro e José Jorge Siqueira.

Uma cronologia de Beatriz Nascimento

1898: Em 3 de dezembro, dez anos depois da abolição da escravatura, nasce Francisco Xavier do Nascimento, pai de Beatriz Nascimento.

1908: Em 5 de novembro, nasce Rubina Pereira, sua mãe.

1919: Em 19 de fevereiro, em Paris, é realizado o primeiro Congresso Pan-Africano.

1931: Fundação da Frente Negra Brasileira, organização nacional de ativismo negro no Brasil.

1942: No dia 12 de julho, em Aracaju, Sergipe, nasce Maria Beatriz Nascimento, filha da dona de casa Rubina e do pedreiro Francisco.

1944: Fundação do Teatro Experimental do Negro no Rio de Janeiro, sob a liderança de Abdias do Nascimento, com a participação de Maria de Lurdes Vale Nascimento, Guerreiro Ramos, Aguinaldo Camargo e Ironildes Rodrigues.

1945: Fim da Segunda Guerra Mundial.

1947: O livro *O Quilombo dos Palmares*, de Edison Carneiro, tem sua primeira edição publicada no Brasil, na Coleção Brasiliana.

1948: Implantação do regime do apartheid na África do Sul.

1950: A família Nascimento, constituída por Beatriz, seis irmãs, três irmãos, mãe e pai, se muda para o Rio de Janeiro e se estabelece em Cordovil, bairro da Zona Norte da cidade.

1951 [em diante]: Recrudescimento do processo de independência dos países africanos.

1955: Início do movimento pelos direitos civis nos Estados Unidos.

1956: 1 Congresso de Escritores e Artistas Negros em Paris.

1964: Início do governo militar no Brasil.

1968: Beatriz Nascimento inicia o curso de graduação em história na Universidade Federal do Rio de Janeiro (UFRJ).

1970: Nasce Bethania Nascimento Freitas Gomes, filha de Beatriz Nascimento e do arquiteto e artista plástico cabo-verdiano José do Rosário Freitas Gomes.

1971: Beatriz Nascimento trabalha como técnica de pesquisa no Arquivo Nacional, com acompanhamento do historiador José Honório Rodrigues. Nesse período, como estagiária, participou da publicação do Senado para o Sesquicentenário da Independência, "O Parlamento e a evolução nacional", organizada por José Honório Rodrigues. | Publicação do livro *Palmares: A guerra dos escravos*, de Décio Freitas.

1972: Em janeiro, Beatriz Nascimento conclui a licenciatura e o bacharelado em história na UFRJ.

1973: Fundação do Centro de Estudos Afro-Asiáticos (Ceaa) da Universidade Cândido Mendes. | Independência da Guiné-Bissau.

1974: Beatriz Nascimento publica seus primeiros ensaios, na *Revista de Cultura Vozes*: "Por uma história do homem negro" e "Negro e racismo". | Ano de reuniões do grupo de jovens negros no Ceaa.

1975: Formação do Grupo de Trabalho André Rebouças (Gtar) por estudantes negras e negros da Universidade Federal Fluminense, em Niterói; do Instituto de Pesquisas da Cultura Negra (IPCN); e da Sociedade de Intercâmbio Brasil-África (Sinba). | Começo dos bailes *black* no Clube Renascença, no Rio de Janeiro. | Independência de Cabo Verde, Angola e Moçambique.

1976: Beatriz Nascimento publica o artigo "A mulher negra no mercado de trabalho", no jornal *Última Hora,* e a resenha crítica do filme *Xica da Silva*, de Cacá Diegues, "A senzala vista da casa-grande", no jornal *Opinião*. Em agosto, concede a entrevista "O negro visto por ele mesmo" à revista *Manchete*, despertando a atenção de agentes militares. | Realização da I Semana de Estudos sobre a Contribuição do Negro na Formação Social Brasileira, organizada pelo Gtar no Instituto de Ciências Humanas e Filosofia da Universidade Federal Fluminense (UFF).

1977: Publicação da entrevista "Quilombo: Em Palmares, na favela, no Carnaval", concedida por Beatriz Nascimento a Caco Barcelos, no jornal *Movimento*. | No dia 30 de maio, Beatriz Nascimento realiza a célebre conferência Historiografia do Quilombo na Quinzena do Negro (22 de maio a 8 de junho) na Universidade de São Paulo (USP).

É nesse momento que se dá o encontro com a socióloga e cineasta Raquel Gerber, que registrou a conferência e a mesa de estudantes afro-brasileiros e viria a ter papel crucial na obra de Beatriz Nascimento. | Concede entrevista ao jornalista Gabriel Priolli Neto como parte do documentário-reportagem da TV Cultura *O negro: Da senzala ao soul*. | Publica o artigo "Nossa democracia racial" na revista *IstoÉ*.

1978: Em 18 de junho é criado o Movimento Unificado Contra a Discriminação Racial (MUCDR), que se transformaria mais tarde no Movimento Negro Unificado (MNU).

1979: Inicia o mestrado em história na UFF e também a pós-graduação *lato sensu* na UFRJ — especialização em história do Brasil com o tema "Sistemas sociais alternativos organizados pelos negros: Dos quilombos às favelas". | Entre setembro e outubro viaja a Angola para realizar estudos sobre as origens do quilombo angolano, como parte de seu projeto de pesquisa.

1981: Conclui a especialização em história do Brasil e produz o relatório final da pesquisa "Sistema sociais alternativos organizados pelos negros: Dos quilombos às favelas".

1982: Publica o artigo "Kilombo e memória comunitária: Um estudo de caso" na revista *Estudos Afro-Asiáticos*.

1983: Morte de Francisco Xavier do Nascimento, seu pai.

1984: Beatriz Nascimento é nomeada para o cargo de professora de história da rede estadual do Rio de Janeiro.

1985: Fim do período de governos militares no país. | Beatriz Nascimento publica o artigo "O conceito de quilombo e a resistência cultural negra" na revista *Afrodiáspora*.

1987: Lançamento do livro *Negro e cultura no Brasil*, do qual é coautora, ao lado de José Jorge Siqueira e Helena Theodoro. | Recebe o título de Mulher do Ano 1986 pelo Conselho Nacional da Mulher Brasileira.

1988: Centenário da Abolição. | Promulgação da Constituição Federal que criminaliza o racismo e prevê o direito das comunidades quilombolas. | Participa do Festival Pan-Africano de Artes e Cultura (Fespac), em Dacar, Senegal.

1989: Lançamento do documentário *Ori*, com direção de Raquel Gerber, textos e narração de Beatriz Nascimento. O filme se tornou a maior e mais representativa obra ligada ao nome da autora.

1991: Apresenta o trabalho "O movimento de Antônio Conselheiro e o abolicionismo: Uma visão da história regional" no v Encontro Anual da Associação Nacional de Pós-Graduação e Pesquisa em Ciências Sociais (Anpocs) | Viaja à Martinica para participar do Festival Internacional de Cultura.

1994: Beatriz Nascimento inicia o mestrado em comunicação social na UFRJ, sob orientação do professor Muniz Sodré. | Realiza a sua última viagem internacional, para a Alemanha, onde ocorre a exibição de *Ori*, em simpósio sobre Cultura Negra no Brasil.

1995: Em 28 de janeiro, Beatriz Nascimento é vítima fatal de feminicídio, no bairro de Botafogo, Zona Sul do Rio de Janeiro.

1997: O artigo "O movimento de Antônio Conselheiro e o abolicionismo: Uma visão da história regional" tem publicação póstuma na *Revista do Patrimônio Histórico e Artístico Nacional*.

1998: Morte de sua mãe, dona Rubina Pereira do Nascimento.

1999: Bethania Nascimento Freitas Gomes doa o acervo de sua mãe para o Arquivo Nacional, no Rio de Janeiro.

2003: É promulgada a lei n° 10 639, que institui a obrigatoriedade do conteúdo de história e cultura afro-brasileira e africana em todos os níveis de ensino no Brasil e institui o Dia da Consciência Negra, 20 de novembro, no calendário escolar.

2007: Publicação do livro *Eu sou atlântica: Sobre a trajetória de vida de Beatriz Nascimento*, de Alex Ratts, com textos de análise do autor e republicação de artigos de Beatriz Nascimento.

2015: Publicação do livro *Todas (as) distâncias: Poemas, aforismos e ensaios de Beatriz Nascimento*, com organização de Alex Ratts e Bethania Nascimento Freitas Gomes.

2016: A principal biblioteca do Arquivo Nacional é nomeada Biblioteca Maria Beatriz Nascimento em homenagem à intelectual, ativista, professora e poeta.

Sobre o organizador

ALEX RATTS é mestre em Geografia Humana pela Universidade de São Paulo e doutor em Antropologia Social pela mesma instituição, com estágio pós-doutoral em Geografia na Universidade Federal do Ceará. Professor na Universidade Federal de Goiás, nos cursos de graduação e pós-graduação em geografia e de pós-graduação em antropologia, coordena também o Laboratório de Estudos de Gênero, Étnico-Raciais e Espacialidades do Instituto de Estudos Socioambientais da Universidade Federal de Goiás (Lagente/ Iesa/ UFG). Publicou *Eu sou atlântica: Sobre a trajetória de vida de Beatriz Nascimento* (São Paulo: Imprensa Oficial; Instituto Kwanza, 2006); *Lélia Gonzalez* (São Paulo: Selo Negro, 2010), em coautoria com Flávia Rios; e organizou *Todas (as) distâncias: Poemas, aforismos e ensaios de Beatriz Nascimento* (Salvador: Ogum's Toques Negros, 2015), com Bethania Nascimento Freitas Gomes.

1ª EDIÇÃO [2021] 7 reimpressões

ESTA OBRA FOI COMPOSTA POR MARI TABOADA EM DANTE PRO E
IMPRESSA EM OFSETE PELA GRÁFICA SANTA MARTA SOBRE PAPEL PÓLEN
DA SUZANO S.A. PARA A EDITORA SCHWARCZ EM NOVEMRBO DE 2024

A marca FSC® é a garantia de que a madeira utilizada na fabricação do papel deste livro provém de florestas que foram gerenciadas de maneira ambientalmente correta, socialmente justa e economicamente viável, além de outras fontes de origem controlada.